MW01673069

22

FOTO**TORST**

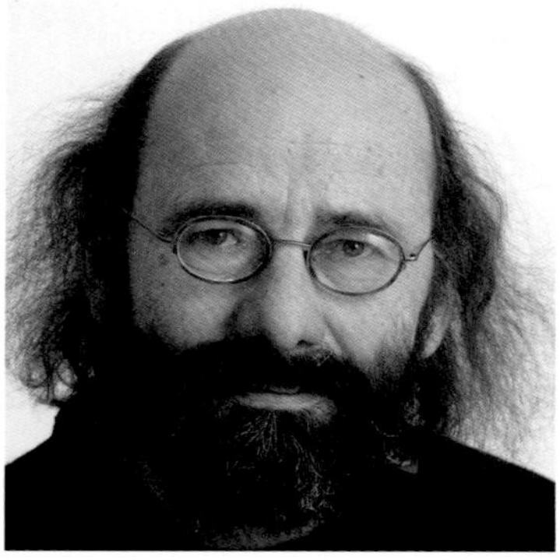

ANNA FÁROVÁ
LENKA LINDAUROVÁ

# Dušan **Šimánek**

TORST

Kniha byla vydána ve spolupráci s Ministerstvem kultury České republiky.

ISBN 80-7215-274-2

# Dušan Šimánek: Visions, Dreams, Notions, and Illusions

Owing to its distinctly worked-out, highly sophisticated aesthetic, whether in color or black-and-white, the art photography of Dušan Šimánek has occupied a unique place in Czech photography since the 1970s.

For thirty years now his work stands independently as an important achievement of Czech art, and also isolated in view of its true importance. Apart from several solo exhibitions, it has remained on the margin, even hidden. Rarely, if ever, is it properly presented in this country in its wider context. That may be because Šimánek became famous for his work in journalism, advertising, fashion, and portraiture, work that attracted much attention owing to its high quality and professionalism, thus overshadowing interest in his non-commercial work.

The two tracks of Šimánek's photography reflect the double essence of his personality. One track, in which his work was acceptable to the political régime and also respected by the public, comprises his work in the applied arts, fashion, and advertising. Owing to their superb technique, these photographs, made on commission, were raised to the level of a cultural event. That brought fame and perhaps also a certain sense of satisfaction to Šimánek. He took full advantage of this sphere and achieved what was, in the local conditions, a very high level of quality. The platform for his fashion photographs from the early 1970s to 1985 was *Mladý svět* (Young World), a popular weekly magazine. The double-page layouts were not only for fashion design. In collaboration with graphic artists a project was undertaken, which was typographically and photographically artistic, and attracted attention owing to its elegant and daring style, presenting an ideal dream of aesthetics, movement, and eroticism. Models turned into actresses, fashion and advertising turned into a surprising theatre production.

The current publication, the first ever devoted solely to Šimánek's work, presents photographs from 1977 to the present day, made strictly for himself rather than on commission. The photographs represent the long, second, hidden line of his work, his art photography, a personal artistic statement. They tell of the unity of his vision, experience, and his own artistic expression. In several thematic sections the book traces the development of his personal style in line with new visual discoveries. Although in its entirety the work of Šimánek might seem abstract, it has, from the beginning to this day, always been firmly rooted in reality. It tells of a process proceeding from seeing to insight, in which an object changes from an original idea into a new vision.

Recollections of childhood, dreams, and desires influence our ideas. Anyone who has witnessed an event and has a visual memory can divide up his or her life according to them. Events establish milestones, bounds, and borders, and thus structure the creative path, which can, thanks to them, be surveyed overall. We return to them in our dreams and while awake. Pop artists return to them in their happenings. Šimánek does so in his formal conquests, when reality unexpectedly speaks to him again, and its meaning suddenly shifts.

"The viewer has to be cleansed to be able to perceive an object in the picture as a kind of presence, when the thing-object is truly here, so that familiar, repeatable ordinariness changes into a revelatory, unique singularity." These are the words of Wolf Vostell and Allan Kaprow, two important Pop artists and makers of happenings, whose philosophy Šimánek still respects and transposes into his own photographic discoveries.

The initial photographs of the book reveal Šimánek's respect for these words. The decorative fabric with the period design in the photograph *Drapery*, from 1977, is like an imprint – it is an exact transcription of reality and at the same time contains something veiled in mystery. Šimánek imperceptibly underlines the veracity of the photographic medium and also reality, but only thanks to his personal way of looking, transposing it into the dream world, and drawing from personal visions and mainly from a concentrated vision beneath the surface of objects. In the chief, and largest, chapter of Šimánek's work, titled *Silence*, we enter into an unusually modern picture gallery with a series of projects for the stage.

I have been interested in Šimánek's work since he began in the 1970s, first as his teacher, then gradually as an interpreter of his work. In an exhibition in the Činoherní klub, Prague, in March 1979, Šimánek presented eighteen photographs under the title *Style*. They were made in 1977 on the basis of the question "What constitutes the times?" Šimánek wanted to capture the signs of the times by capturing everything that was not qualified as style but was on the edge of style. People themselves create style in the way they arrange objects, including in relation to themselves, objects that may not have any value, but, precisely for that reason, reflect the ideal style of their times.

Together, we often probed the principles of American Pop Art and happenings. The exhibition of Šimánek's *Style* was concerned with these principles because Šimánek acknowledges them and employs them in his work. For him the most important thing was the transition from realistic conception to imaginative or imaginary creation. It was a transition similar to Duchamp's ready-mades or Rauschenberg's combines: pictures with built-in real objects. And of course it was similar to the pilot works of Pop Art: *Flag* by Jasper Johns and *Campbell's Soup Cans* by Andy Warhol. The statement by the painter Roy Lichtenstein that this is not a matter of a picture being a picture of "something" but of a picture looking exactly like the thing itself perhaps illustrates this point. The statement may seem naive – after all, every still life in the history of painting wants to present the thing it imitates –, yet that naive claim contains within itself the transition from real reality to pictorial, imaginary reality. When Pop Art enters real reality, it creates a new dimension. As Kaprow says, if we don't understand the mystery of a Coca-Cola bottle that we ourselves have created, we shall probably never comprehend Leonardo's riddle. Warhol and Pop Art insist on the possibility that this bottle and everything connected with it are infinitely more mysterious than we thought. But, what is mystery? It is, after all, a kind of presence, when what is uncovered is covered up and concealment itself is uncovered. To relate to mystery means to relate to the hidden presence of the real. Conversely, what has become a picture can return to virtual reality and will become reality – not falsified or false, but illusion, appearance, mimesis. By the standard used for photography it is always a mere report on the depicted object. When made life-size, as we did in the "9 & 9" exhibition at the former Metternich manor in Plasy, Bohemia, the picture *Drapery* became once again a veil and functioned as real thing, just like another Šimánek photograph of a wall with wallpaper, both installed in the granary at Plasy.

At Šimánek's second exhibition in the Činoherní klub, which opened on 29 September 1980, I pointed out his being tempted by aesthetics and the qualities of the fine arts. Back then he was already clearly moving away from our shared view of a more or less essayistic conception of "the here and now" to the extreme frontiers of ideal and illusive beauty. Maximum perfectionism gradually wipes away the brutal experience of the reality of the demolished and vacated Žižkov buildings, which became hooks on which to hang variations on ideal scenes or a suddenly glimpsed image satisfying the demanding taste of the aesthete. Under his fingertips and before his eyes a vacated room changes into a stage and an old wall becomes a painter's canvas. A hypersensitivity to color and an exacerbated sensibility are narcissistically diverted from the message. Only an almost imperceptible detail, the last trace of expression, suggests that we stand before the destroyed reality of the weary contemporary world of everyday life, but also the hint often vanishes, making room for the mere quiver of artistic quality. The color is uniquely refined, from fastidious combinations of subtle shades to monochrome, all on the fragile border of what is supportable.

The *Silence* project was included in Šimánek's exhibition in the town of Opočno in 1983, under the name *Walls*, in the midst of eight other thematic chapters. The exhibition was a large recapitulation beginning in 1968 and including a cross-section of his whole *oeuvre*, including fashion photographs, works from his studio, which were called *Stage Scenery*, and also recent Polaroids, called *Lost Afternoon*.

*Silence*, *Stage Scenery*, and *Lost Afternoon* would henceforth become constants of Šimánek's work. He did not close the *Silence* series till the 1993 exhibitions in Prague and Brno. The following is my authorized article for the *Silence* catalogue in full:

"Dušan Šimánk's *Silence* is an internal project, independent of demand, utterly unpublic, non-utilitarian, and not for sale. It is a silent, purely personal world, a world of shyness and doubts, a world without an external glow, turned inward. In 1977, together with his fellow-photographer Iren Stehli, Šimánek photographed the buildings and apartments of Žižkov, a decaying style on the edge of grand styles. It included wallpaper, decorative objects, furniture, and the arrangement of furniture, which together created something similar to what Karel Čapek meant about popular culture in *Marsyas, čili Na okraji literatury* (Marsyas, or On the Margin of Literature). This was the margin of culture.

The intimate spaces of the Žižkov housing provided phantastical configurations and discoveries, carrying a strange emotional charge. In addition there was the frontal viewpoint of the photographer as well as the simplest possible spreading of the subject matter across the whole surface of the photograph, from one edge to the other. These principles mark this entire stage of Šimánek's work culminating in the *Silence* series. Apart from the lived-in interiors there were also the abandoned and vacated apartments of Žižkov, in which traces of the inhabitants remained, sometimes quite indistinctly and gradually vanishing, shadows and dust, nails and cracks, imprints of erstwhile lives. The photographer found there an abstract stage for metaphysical dramas or subject matter for color pictures. The excited perception of space and color conceals a desire to communicate real meaning, because the objects are filled with mysterious aesthetic and existential magic. While walking through the hushed, emptied spaces the photographer experienced the echoes of his emotions, where harmony with the atmosphere of the place and the objects was more decisive than a mere vision. The ecstasy caused by the space, which he first expresses with photographs, is gradually suppressed and consciously denied even where he has photographed the three-dimensional part of a room – for example, the ceiling with the walls, the corner, or the perpendicular areas. The need for perfection and symmetry is not a rationally justified construct, but stems from the imagination and dream-like ideas. Photographs arise, which at first sight seem to be perfect flat reproductions of a chosen section of wall, made using an illusory, almost naturalistic, method. Upon closer inspection, we learn that it includes a specific transformation and stylization, which seem to be something matter of course. This emptiness or simpleness is not, however, simplification; it is a complex, complicated search for essence and substance. The evident resultant would not exist if there hadn't been long, laborious journeys, concentrated and intensive, from the first *Drapery* of 1977 to the last creations, made in 1987, on which he still works in the sense of an interpretation of color, dimension, and presentation. It was a continuous, obsessive idea, which came back to Šimánek again and again, before taking its final form and expression ten years later.

*Style* first appeared together with the photograph *Drapery* (reproduced in the catalog) at Šimánek's solo exhibition in the Činoherní klub in March 1979. In September 1980, he exhibited there the now pure idea of the later *Silence*, though the three-dimensional space of the photograph is still emphasized and the feeling of two-dimensional flatness does not dominate. The emphasis here is on the sophisticated color conception. At the "9 & 9" group exhibition in Plasy in September 1981, *Silence* appeared in 9 × 12 cm contact prints and several small 30 × 40 cm enlargements. At the large solo exhibition in the Opočno chateau in 1983 Šimánek exhibited this 1977–79 set under the name *Walls* together with eight other series. They appear in important publications from both this country and abroad, as well as being used in the applied arts. For example, in the slick 1983 color catalog of the Japan Creative Association (JCA) eight of his 19 photographs are from the *Silence* series, and the 1986 *Photokina* catalog, published to mark the fiftieth anniversary of color photography, includes his *Silence* in color. At the "Czechoslovak Photography: Past and Present" group exhibition held in Frankfurt on Main the year before, he presented a set of twelve photographs from *Silence*, which were made in 1979–81, and this is where his composition with a remarkable division of space first appeared. The definitive format of the positives, with which he sought to achieve the maximum effect of this project, was clearly present in his mind from the very beginning, but the means to achieve it were long unavailable to him. In the Fotochema gallery, Prague, in 1988, Šimánek, together with Jiří Poláček, exhibited photographs from the *Silence* series, but now in a 50 × 60 cm format. He came up with the ideal form of *Silence* in large 95 × 130 cm or 120 × 170 cm prints using the optimal material (Ciba) and having them mounted in Zurich using technology suitable even for museum conservation. The photographs, mounted on metal, are without borders, glass, or frames, and thus extend unrestricted into the space. The result is 28 enlargements of photographs selected from about 50 negatives. Šimánek first exhibited these large prints at a solo exhibition in the Brno Art Center (Dům umění) in April 1993.

It was then that Šimánek came to understand the essence of genuine simplicity, gained faith in his own personal means of expression and how patiently to achieve it, and also came to understand that he could to let himself be led by something above him, something that could perhaps be conveyed with the help of art, and that one could be humble without feeling humiliated."

Even today, in this book, Šimánek devotes most of the space to what he stills considers his most important set, *Silence*.

He continues in his minimalism and intensity of personal vision and also with the bravura of professional technical presentation in the re-opened *Stage Scenery I* series, following on from the *Style* series of 1979. Since 1982 he has been working out the details of façades of public spaces in color and black-and-white. *Stage Scenery II* are frontal color shots of exaggeratedly monumental public buildings with small elements of period ornament. Their conception is similar to that of *Silence* in making the object abstract and taking it out of scale. It includes a critical, ironic view of official architecture, which borders on the burlesque. A pompous building becomes wall-paper.

With a highly esoteric "flying-saucer" set he presents the completed *Swimming Pool* series, which looks ghostly, particularly in black-and-white. In the completed small *Crosses* series he has sculpted light abstract reliefs. The details of material photographed up close in the studio evoke new, unexpected associations and change depicted reality into another world.

*Sunday Afternoon* is another chapter. The idea came about after the Plasy exhibition in 1982. For a while Šimánek developed it in a Polaroid diary. He returned to the idea in 1996 using the classic photographic technique and has been developing it ever since. It expresses moments of concealed expectation and discoveries in interiors that are close to his heart. The dreamy, unreal atmosphere of real, currently inhabited rooms with traces of distinctive arrangements of objects and furnishings makes an uneasy impression on the viewer. The compositions, sometimes dangerously unstable, lead one to imagine what may have happened here. Timelessness, shifts in color, maximum simplicity, and the poetic quality of the vision – these constitute Šimánek's signature.

The penultimate series, called *Windows*, is in color. Continually growing, it presents the plain reality of a window and an abstract vision behind it. The windows in the impersonal interiors of office buildings make a descriptive, even cold, impression; the mystery is outside, beyond the glass, where specters, phantoms, and illusions emerge and flit by. Often, that fleeting revelation behind the window is unreadable, indecipherable, and has to be caught without delay: "I love it madly..."

The last works in our book are the completely new color photographs of the *Multiples* series. Here, the photographer has returned in his thoughts to the year 1977, to the *Style* series. This new series is even more calculating than *Drapery* where the superb reproduction of a banal object, by means of hyper-realistic photography, has become the fulfillment of old principles of Pop Art. We are back at the *Campbell's Soup Cans* of Warhol in a present-day transposition. It is the observation and acceptance of the everyday reality of the world and the expression of its essence. Duchamp's ready-mades are created anew in the hidden beauty of simple imprints, re-exposed on overlooked objects living with us and around us in our ordinary, everyday lives. Taking things out of context, as well as encountering reality and the vision, leads, on the one hand, to emphasizing the existence of an ordinary object and, on the other hand, to discovering its other, unanticipated nature and pointing that out. In their own way, the photographs of the *Multiples* series are a provocative display of the possibilities of perfect photographic reproduction, and deserve to be ranked amongst works of art and considered creations of unexpected artifacts.

13 December 2005 Anna Fárová

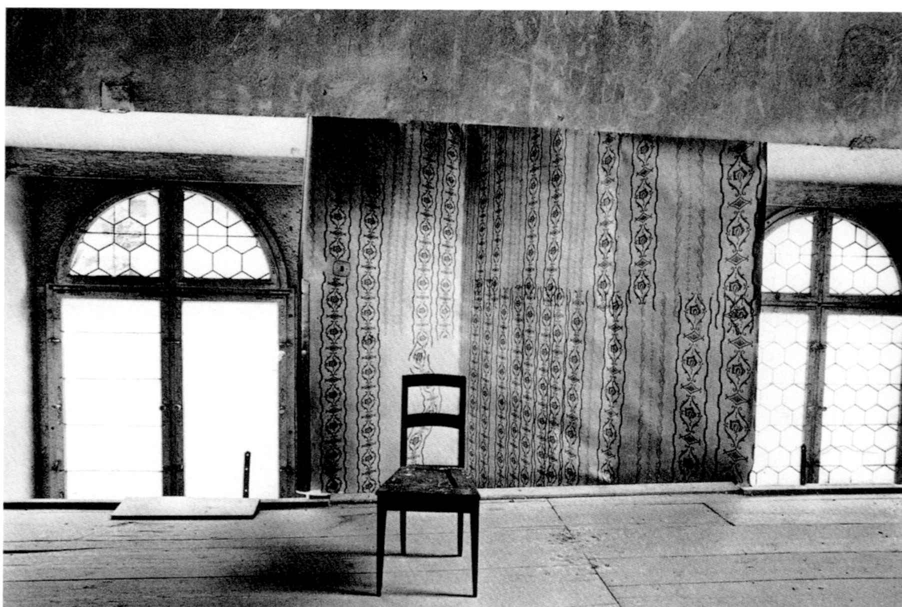

***Monique Jacot: Plasy, 1981***

# Innocence Versus the Loss of the World

I decided to write an article on the photographs of Dušan Šimánek for two reasons. First, he is my husband and, unlike his other admirers, I consider it important to support his art photography. Second, I believe that my view, that of an art critic, is different from the views of most Czech theorists of this medium.

It is to the detriment of the artists themselves that, at present, photography continues to be markedly separated from other contemporary art media, even though it is a part of the whole. The viewer is left confused by the division, and therefore the status of photography continues to be stereotypically that of a picture that substitutes for reality or only documents it. "Art photographers" are those who formally aestheticize the picture. On the other side stand "artists working in photography." I reject these attitudes, and shall try here to explain how I see the work of Šimánek, who is perceived by the first group as a photographer, and by the second group as a complete unknown.

I shall discuss the pictures (in the medium of photography) of Šimánek's art photography, which are published in this volume. In my opinion this cannot properly include his commercial photography, which, although technically and aesthetically superb, only simulates reality and meets the requirements of the client.

At first sight everyone appreciates the painterly nature of Šimánek's photographs. As if it were not a matter of capturing interesting places or details, but of transferring them into a form that leaves the viewer unsure: one does not exactly know what one is looking at, is not sure where it involves manipulation, chance, or "live" photography or has been re-touched using a computer. I should at this point probably reveal that it is unmanipulated photography, technically precise work, a matter of finding visual details and waiting for the right light and moment, and, subsequently, a matter of printing in large format using special paper.

When pressed to say what the content of Šimánek's pictures is, I must bear in mind his still Modernist conviction about the power of the vision, about the possibility of a positive mental message. As an observer he uses no Postmodernist or post-production special effects. By that I do not mean that his approach is unambiguously positive. I am merely describing his way of seeing and his special ability to extract from reality the pictorial part that can "only" be transferred to a flat surface by means of photography.

In several series of his photographs, which have intentionally been arranged visually or emotionally rather than chronologically, one can observe Šimánek's technical and intellectual rigor. These earlier series – *Silence*, several times exhibited and also acclaimed abroad, and *Swimming Pool*, an episodic Ray Bradbury-like series – have a clear, strong, poetic level, almost bordering on the sentimental. In the *Sunday Afternoon* series, which was made in the course of many years, the only lyricism left is in the series title; the pictures themselves contain a strong, ironic subtext. On the other hand, the newer photographs are hardly so abstract. None the less, even in the current *Stage Scenery* and *Untitled* series it is not a matter of a social document (which some of the photos from *Silence* are sometimes perceived to be – as memories of spaces once inhabited by people in now-demolished buildings in the Prague district of Žižkov), but of subjective records of visions, not unlike the thinking of artists such as Václav Boštík and Karel Malich, so that by means of the painting medium we can approach the Modernist reflection. The current *Multiples* series does not suggest a return to the abstraction of *Silence*, but the "innocence of pictures" in the possibilities of the technical reproducibility of the world, in other words their highly relative uniqueness.

It must be said that Šimánek continues to work consciously with reality. The images do not need to be invented. They are all around us. It is up to the artist to choose the image and transfer it without any moralizing into a photograph. (I am now actually describing the Postmodern approach.) In fact, it seems unimportant to me how and in what way the new, extracted picture of reality is confronted; nor do I see any virtuality in the selection – simply, the artist chooses only what corresponds to his own integrity. And that is the most important thing: to have the patience and courage ultimately to speak strictly for oneself.

## An Interpretation of Silence

*"If I set out into the world in order to gain it, I lose myself in the world. And if I return home to find myself, I lose the world."*
Vilém Flusser

Today, the photographer does not need to exhibit his or her works. He or she can simply convey images by means of the mass media. Exhibiting work is the denial of the animal in man, the denial of the tendency to forget what has been gained. Through the artist we can therefore begin to recall what has been lost.

Šimánek has recorded in photographs the style of a particular time. His search for the visual in the vacated buildings of old Žižkov after they were earmarked for the wrecker's ball, is not information about a particular intimate situation, even though this dimension is apparently the most visible. In the beginning were chance and the magic of the rejected. In the middle was conscious experience. And at the end was an absolutely sensitive, yet matter-of-fact, picture.

The medium of photography enables Šimánek to capture stories "written by life" and to find truly chance pictures that are exceptional and unmanipulated. This "civilizational" (not social) art contains both destruction and the construction of something new.

Šimánek mediates, almost voyeuristically, images of the unimportant and forgettable, the memory of a place and a way of life. He has stopped history in its unimportant images and turned its pettiness and rejected beauty into a canon, which reflects his subjective emotion. He uses the camera in a paradoxically Modernist way, where the result is not a technical record or a visual concept, but a classic picture that could have been painted.

Šimánek's photographs tend to be compared to paintings. That, however, has not been his intention. The project originally came about as a documentary, but gradually turned into his testimony in the form of a minimalist photograph-picture. This ambivalence – of expression between the media (both reflecting reality and abstracting from it), but also of content (because it is unclear what exactly we are looking at) – is, in Šimánek's work, truly exciting.

The game between the formal beauty of the traditionally perceived picture and its intimate aspects (abandoned apartments, once carefully decorated) does of course have a powerful effect – the viewer automatically enters secret zones, including the artist's.

The silence one finds, for example, in the work of the great Czech poet Vladimír Holan, stands for fatefulness; it tells of a comprehensible timelessness, of existentiality, of something of our subconsciously shared mentality. It is in this desolation that we lose ourselves and find ourselves.

Lenka Lindaurová

## Silence

*For Dušan*

Whenever I enter an abandoned room, it moves me. It's not empty; far from it. It is filled with silence. Silence in which life has become an echo. That silence can be listened to subtly, with the heart. How much life there is in death! And what life! Life that is now freed of everything, life that is pure, refined. Yes, in that silence life too becomes art, and that is indeed a magical transformation. We listen to the unexpressed. We behold the invisible. Forgotten memories return imbued with new meaning...

Berlin, 1989 — Michael Zochow (1954–1992)

# Dušan Šimánek: Vidiny, sny, představy a klamy

Volná tvorba Dušana Šimánka má v české fotografii již od 70. let ojedinělé místo svou osobitě propracovanou a vysoce sofistikovanou estetikou, ať už v pojetí barevném či černobílém.

Po dobu třiceti let tu stojí jeho dílo samostatně jako důležitý počin českého umění, ale také osaměle vzhledem ke svému skutečnému významu. Kromě několika autorských výstav zůstává dosud nezařazeno a skryto. Málokdy nebo skoro vůbec bývá v Čechách řádně prezentováno v širších souvislostech. Snad je to způsobeno tím, že Šimánek proslul činností publicistickou, reklamní, módní a portrétní, která na sebe svou kvalitou a profesionalitou výrazně upozornila a překryla tak zájem o jeho nezávislý projev.

Dvojí linie tvorby Dušana Šimánka odráží dvojí podstatu jeho osobnosti: jedna, oficiálně akceptovaná a společensky ceněná, se zabývá užitým uměním, módou a reklamou. Jsou to zakázky povýšené dokonalostí provedení na kulturní událost. K tomu náleží proslulost a možná také jistý pocit uspokojení. Fotograf tuto oblast maximálně využil a v místních poměrech dovedl k vysokému stupni dokonalosti. Platformou pro publikování Šimánkových módních fotografií byl od začátku 70. let až do roku 1985 časopis Mladý svět. V komponovaných dvoustranách nešlo jen o módu. Ve spolupráci s grafiky vznikal výtvarný projekt typo- a foto-grafický, který na sebe upozorňoval elegantním a odvážným stylem, předvádějícím jakýsi ideální sen o estetice, pohybu a erotice. Modelky se proměňovaly v herečky, móda a reklama v překvapivé divadelní inscenace.

Přítomná první Šimánkova autorská monografie přináší fotografie vzniklé od roku 1977 po dnešek, vytvořené bez vnějšího zadání, mimo jakoukoli objednávku. Představují druhou, skrytou linii Šimánkova díla, linii jeho volné tvorby jako osobní umělecké zpovědi, vypovídající o jednotě vidění, prožívání a vlastního uměleckého vyjádření. Kniha sleduje v několika tematických úsecích rozvíjení osobního stylu v souladu s novými vizuálními objevy. Ač ve svém celku může dílo Dušana Šimánka působit abstraktně, je vždy, od začátku až po dnešek, zakotveno ve skutečnosti. Vypovídá o procesu postupujícím od zření k prozření, kdy se objekt proměňuje z původní představy v novou vizi.

Vzpomínky z dětství, sny a přání ovlivňují naše představy. Kdo je svědkem událostí a má vizuální paměť, může podle nich svůj život členit. Události zakládají milníky, meze a hranice a strukturují tak tvůrčí cestu, kterou je díky nim možné přehlédnout. Vracíme se k nim ve snění i bdění, pop-artisté ve svých happeninzích, Dušan Šimánek ve formálních výbojích, kdy ho realita nečekaně a nově osloví a její smysl se náhle posune.

„Divák musí být očištěn, aby mohl vnímat předměty na obraze jako druh přítomnosti, kdy věci-předměty jsou skutečně zde. Aby se zažitá, opakovatelná obyčejnost proměnila ve zjevenou jedinečnou zvláštnost." Tyto teze uváděli v roce 1964 na svých přednáškách Wolf Vostell a Allan Kaprow, dva významní pop-artisté a tvůrci happeningů, jejichž filosofii Dušan Šimánek dodnes ctí a transponuje do svých fotografických objevů.

Už vstupní fotografie knihy ohlašuje respektování daných tezí: dekorační látka Draperie s dobovým designem na fotografii z roku 1977 je jako otisk – je přesným přepisem skutečnosti a zároveň obsahuje zastřené tajemství. Dušan Šimánek podtrhuje věrohodnost fotografického média, ale také realitu neznatelně, jen pomocí osobního pohledu, transponuje do snového světa těžícího z osobních představ a především ze soustředěného zření pod povrch objektů. V hlavní a nejobsáhlejší kapitole Šimánkovy tvorby s názvem Ticho vstoupíme do neobyčejně moderní obrazárny se sérií scénických projektů.

Zajímám se o Šimánkovo dílo od jeho počátků v 70. letech: zprvu jako učitelka, postupně pak jako interpretka. V Činoherním klubu v březnu 1979 prezentoval Dušan Šimánek osmnáct fotografií s názvem Sloh, vzniklých v roce 1977 na základě otázky „Co je to doba?". Chtěl postihnout znaky současnosti pomocí zachycení všeho, co není kvalifikovaným slohem, ale leží na jeho okraji. Sami lidé ho vytvářejí tím, jak řadí a k sobě skládají předměty, které nemají žádnou hodnotu, ale právě tím odrážejí stylový ideál své doby.

Probírali jsme spolu často principy amerického pop-artu a happeningů. Výstava Šimánkova Slohu se těchto principů týkala, protože, jak už bylo řečeno, autor je uznával a uplatňoval ve své tvorbě. Od realistického pojetí byl u něj nejdůležitější přechod k tvorbě imaginativní či imaginární. Šlo o přechod podobný Duchampovým ready-mades či Rauschenbergovým combines – obrazům, do kterých jsou zabudovány reálné předměty. A ovšem signálním dílům pop-artu:

Flag – americké vlajce Jaspera Johnse a Warholovým obrazům konzerv s Campbellovou polévkou. Ilustrační zde může být i výrok malíře Roye Lichtensteina, že tady nejde o obraz „něčeho", ale o to, že obraz vypadá přesně jako věc sama. Ten výrok se zdá být naivní – vždyť každé zátiší v celých dějinách malířství chce předvést věc tím, že ji napodobí –, a přece je v tomto naivním tvrzení vystižen přechod od skutečnosti skutečné k obrazové skutečnosti imaginativní. Když vstupuje pop-art do skutečné skutečnosti, vytváří novou dimenzi. Asi nikdy neporozumíme Leonardově hádance, říká Kaprow, když nepochopíme záhadu láhve Coca-Coly, kterou jsme sami vytvořili. Andy Warhol a pop-art trvá na možnosti, že tato láhev a vše, co se k ní váže, je nekonečně tajemnější, než jsme si mysleli. Ale navíc: Co je to tajemství? To je přece druh přítomnosti, kdy se zakrývá to, co je odkryté, a kdy se odkrývá sama skrytost. Vztáhnout se k tajemství znamená vztáhnout se ke skryté přítomnosti skutečného. Při zpětném chodu to, co se stalo obrazem, se může vrátit do virtuální reality a stane se skutečností – ani zfalšovanou ani falešnou, nýbrž klamem, zdáním, mimezí. V měřítku pro fotografii běžném vždy jde o pouhou zprávu o zobrazeném předmětu. Při zvětšení do „životní" velikosti, jak jsme tento proces uskutečnili na výstavě 9 & 9 v Plasích, se obraz Draperie stal opět rouškou a fungoval jako skutečná věc, stejně tak i další Šimánkova fotografie zdi s tapetou, obě nainstalované v Metternichově sýpce tamtéž.

Na druhé Šimánkově výstavě v Činoherním klubu, zahájené 29. 9. 1980, jsem upozornila na jeho pokušení estetikou a výtvarností. Tehdy už evidentně odplývá od naší společné tabule víceméně esejistického pojetí „tady a teď" do hraničních pomezí ideálního a iluzivního krásna. Maximální perfekcionalismus postupně smazává brutální zážitek reality rozbouraných a vystěhovaných žižkovských domů, které se mu stávají věšákem pro variace na ideální scény nebo náhle zahlédnutým obrazem uspokojujícím náročný vkus estéta. Pod jeho rukama a před jeho očima se uprázdněný pokoj proměňuje v jeviště a stará zeď v malířskou plochu. Barevná supercitlivost a zjitřená vnímatelnost jsou narcisticky odvrácené od sdělení. Jen nepatrný a nepostřehnutelný detail jako poslední expresivní stopa napovídá, že se ocitáme před destruovaným reálem současného znaveného každodenního světa, ale často i náznak mizí a uvolňuje místo pouhému rozechvění z výtvarnosti. Barva je neopakovatelně kultivovaná, od náročných kombinací jemných valérů k monochromu, to vše opět na krajně vypjatě křehké hranici únosnosti.

Projekt Ticha se pod názvem Zdi objevil na Šimánkově výstavě v Opočně v roce 1983 ještě uprostřed osmi dalších tematických kapitol. Výstava byla rozsáhlou rekapitulací počínající rokem 1968 a zahrnovala ve zkratce průřez celým Šimánkovým dílem, včetně módních kreací, fotografií z vlastního ateliéru s názvem Kulisy a také polaroidů z posledních let, nazvaných Ztracené odpoledne.

Ticho, Kulisy a Ztracené odpoledne zůstanou i nadále konstantami Šimánkovy tvorby. Cyklus Ticho uzavřel až výstavou v Praze a Brně v roce 1993. Svůj tehdejší autorizovaný text pro katalog Ticha zde předkládám celý:

„Ticho Dušana Šimánka je vnitřní projekt, nezávislý na poptávce, zcela neveřejný, neutilitární a neprodejný. Je to tichý a ryze osobní svět, svět plachosti a pochybností, svět bez vnější záře, obrácený do sebe. V roce 1977 Dušan Šimánek, spolu s kolegyní Irenou Stehli, fotografoval žižkovské domy a byty, pokleslý sloh na okraji velkých stylů. Patřily k němu tapety, dekorativní předměty, nábytek a jeho rozmístění, které dohromady tvořily něco obdobného tomu, co Karel Čapek nazýval Marsyas, čili na okraji literatury. Toto byl okraj kultury.

Intimity žižkovských domácností přinášely fantastické konfigurace a objevy, které měly zvláštní citový náboj. Frontální stanoviště fotografa, co nejjednodušší rozprostření objektu po celé ploše fotografie, od kraje do kraje – všechny tyto principy poznačily celou jednu etapu Šimánkovy tvorby až k dovršené sérii pod názvem Ticho. Vedle obydlených interiérů existovaly na Žižkově opuštěné a vystěhované byty, ve kterých zůstaly stopy po obyvatelích, někdy zcela nezřetelné a postupně mizející, stíny a prach, hřebíky a praskliny, otisky bývalého života. Fotograf tam nalezl abstraktní scénu pro metafyzická dramata anebo předlohy pro barevné obrazy. Zjitřené vnímání prostoru a barvy překrývá touhu sdělovat reálný význam, poněvadž objekty jsou naplněné tajemným estetickým a existenčním kouzlem. Při procházení ztichlými vyprázdněnými prostory zažíval fotograf ozvuky svých pocitů, kde víc než pouhé vidění rozhodovalo souznění s atmosférou místa a s objekty. Extázi z prostoru, kterou nejprve fotografiemi vyznává, postupně potlačuje a vědomě popírá, dokonce i tam, kde snímá trojrozměrnou část místnosti – strop se stěnami, roh místnosti nebo stěny kolmé na sebe apod. Potřeba dokonalosti a symetrie není racionálně zdůvodněnou konstrukcí, nýbrž vyplývá z imaginace a snových představ. Vznikají fotografie, které na první pohled působí jako dokonalé plošné reprodukce zvoleného výřezu zdi, vytvořené iluzivní, téměř naturalistickou metodou. Při bližším zkoumání zjistíme, že je tu cílená transformace a stylizace, které vyznívají jako samozřejmost. Tato oproštěnost nebo jednoduchost není však zjednodušením, nýbrž komplexním a komplikovaným hledáním esence a podstaty. Evidentní výslednice by neexistovala, kdyby nebylo dlouhé a pracné cesty, koncentrované a intenzivní, od první Draperie z roku 1977 k posledním kreacím vzniklým v roce 1987, na kterých dále pracuje ve smyslu interpretace barevné, rozměrové a prezentační. Byla to kontinuitní a obsedantní představa, která se autorovi vždy znovu nepřetržitě objevovala, aby dospěla po více než deseti letech ke svému finálnímu tvaru a vyjádření.

Poprvé se Sloh objevil spolu se zmiňovanou fotografií Draperie (reprodukovanou v katalogu 9) na Šimánkově samostatné výstavě v Činoherním klubu v březnu roku 1979. V září roku 1980 vystavuje tamtéž de facto už čistou myšlenku pozdějšího Ticha, i když trojrozměrný prostor fotografií je ještě podtržen a pocit dvojrozměrné plošnosti nepřevládá. Důraz je kladen na barevně rafinované pojetí. Na skupinové výstavě 9 & 9 v Plasích v září 1981 se Ticho objevuje na kontaktech 9 × 12 cm a na několika málo zvětšeninách 30 × 40 cm. Na velké samostatné výstavě na zámku v Opočně v roce 1983 tento soubor z let 1977–79 Šimánek vystavuje pod názvem Zdi spolu s osmi jinými cykly. Prezentuje se jím v domácích a mezinárodních reprezentativních publikacích i na poli užitého umění. Kupříkladu roku 1983 ve výpravném barevném katalogu japonské tvůrčí asociace (JCA) mezi jeho devatenácti fotografiemi osm je z cyklu Ticho, v katalogu Photokina k padesáti létům barevné fotografie publikuje barevně Ticho (1986). Rok předtím na souborné výstavě Kořenů a současnosti československé fotografie ve Frankfurtu nad Mohanem uvádí soubor dvanácti fotografií Ticha z let 1979–81, a tady se poprvé objevují kompozice s pozoruhodným dělením prostoru. Definitivní formát pozitivů, kterým chtěl dosáhnout maximální působivosti svého projektu, je v autorově představě od začátku jasně dán, ale prostředky k tomu nebyly dlouho dosažitelné. Ve Fotochemě Praha vystavuje v roce 1988, spolu s Jiřím Poláčkem, fotografie Ticha už ve formátu 50 × 60 cm. Ideální podobu Ticha realizuje ve velkých zvětšeninách a v optimálním materiálu (Ciba) ve formátu 95 × 130 cm nebo 120 × 170 cm a nechává je adjustovat v Curychu technologií vhodnou i pro muzejní konzervaci. Fotografie podlepené kovovou podložkou jsou bez okrajů, beze skel a rámů. Neohraničeně tak přesahují do prostoru. Výsledkem je dvacet osm zvětšenin vybraných z půl stovky fotografií. Velké zvětšeniny se napoprvé představí na samostatné výstavě v Domě umění v Brně v dubnu 1993.

Dušan Šimánek dochází k poznání podstaty opravdové jednoduchosti, k důvěře ve vlastní osobní projev a jeho trpělivému dotváření, a k tomu, že je možné se nechat vést něčím, co je nad námi a co snad lze pomocí umění předávat dál, že je možné mít pokoru a necítit se pokořen."

Ještě dnes v této monografii věnuje autor hlavní prostor svému nejdůležitějšímu souboru, za který nadále považuje Ticho.

Ve svém minimalismu a intenzitě osobitého pohledu pokračuje zároveň s bravurou profesionálního technického podání v nově otevřeném cyklu Kulisy I, navazujícím na Sloh z roku 1979. Od roku 1982 v něm zpracovává detailyfasád veřejných budov v barevném i černobílém pojetí. Kulisy II jsou barevné frontální záběry přehnaně monumentálních staveb veřejných budov s drobnějšími dekoračními dobovými momenty. Jejich koncept je podobný Tichu zabstrahováním objektu a jeho vyjmutím z měřítka. Je zde přítomen kritický, ironický pohled, až jakási persifláž oficiální architektury. Z velké pompézní stavby se stala tapeta.

Velmi tajuplnou „ufonskou" sérii uvádí ukončená série Bazén, která vypadá fantomaticky, zvláště v černobílém pojetí. Uzavřený krátký soubor Křížů modeluje světlem abstraktní reliéfy. Detaily materie snímané z bezprostřední blízkosti na pracovních předmětech v ateliéru vyvolávají nové a nečekané asociace a proměňují zobrazovanou realitu v jiný svět.

Otevřenou kapitolou je Nedělní odpoledne, myšlenka vzniklá po výstavě v Plasích v roce 1982, kterou Šimánek krátkodobě rozvíjel polaroidovými zápisky. K této ideji se vrátil v roce 1996 v klasické fotografické technice a stále v ní pokračuje. Vyjadřuje chvíle skrytého očekávání a objevů v interiérech jemu blízkých. Snová, ireálná atmosféra skutečných současných obydlených prostorů se stopou individuálního uspořádání předmětů a zařízení působí zneklidňujícím dojmem. Kompozice, někdy nebezpečně labilní, se otevírají fantazii o možných zažitých dějích. Bezčasí, posuny barevnosti, maximální oproštěnost i básnivost vidění jsou zde Šimánkovým podpisem.

Předposlední cyklus Okna je barevný a neustále narůstá. Prezentuje strohou skutečnost okna a za ním nachází abstraktní vize. Okna v neosobních interiérech úředních budov působí popisně až studeně a mystérium se koná venku za sklem, kde se vynořují přeludy, fantomy a iluze, které se jen tak mihnou, když se kolem nich prochází. Často je ono prchavé zjevení za oknem nečitelné, nerozluštitelné a musí se neprodleně zachytit: „Já to tak mám úžasně rád..."

Poslední v naší knížce jsou docela nové barevné Multiply. Autor se myšlenkově vrací do roku 1977, ke Slohu. Toto je ještě spekulativnější podoba, než jakou byla Draperie, kdy se dokonalá reprodukce banálního objektu hyperrealistickou reprodukční fotografickou cestou stala naplněním dávných tezí pop-artu. Jsme opět u Campbellových polévek Andy Warhola v aktuální transpozici. Je to pozorování a přijímání všední skutečnosti světa a vyjádření její esence. Duchampův ready-made je nanovo zaktualizován ve skryté kráse prostých otisků, nově odhalené na přehlížených předmětech žijících s námi a kolem nás v naší běžné každodennosti. Vytržením ze souvislostí a setkáním reality a vize vzniká na jedné straně podtržení jsoucnosti obyčejného předmětu a na straně druhé objev jeho jiné netušené povahy a upozornění na ni. Multiply jsou svým způsobem provokativní exhibicí možností dokonalé fotografické reprodukce s nárokem na zařazení jejího výsledku do umělecké tvorby a vytvoření nečekaného artefaktu.

13. 12. 2005 Anna Fárová

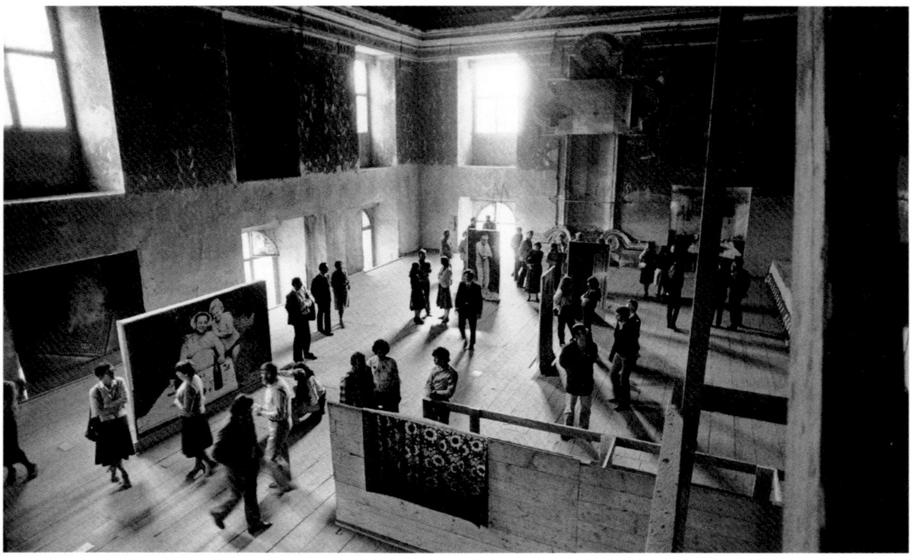

*Marc Ribout: Plasy, 1981*

## Nevinnost versus ztráta světa

Rozhodla jsem se napsat text k fotografiím Dušana Šimánka, a to ze dvou důvodů: za prvé je to můj manžel a považuji na rozdíl od jiných jeho obdivovatelů za důležité podpořit právě jeho volnou tvorbu, za druhé se domnívám, že můj pohled na fotografii coby kritičky umění se liší od názorů většiny českých teoretiků tohoto média.

Je ke škodě autorů samých, že v současné praxi se stále výrazně odděluje fotografie od ostatního současného umění, i když jde jen o jednu formu v jeho celku. Divák je tímto dělením zmaten, a proto se statut fotografie stále stereotypně přiděluje obrazu, který supluje skutečnost nebo ji pouze dokumentuje. Takzvaní umělečtí fotografové jsou ti, kteří tento obraz formálně estetizují, na druhé straně pak stojí takzvaní umělci pracující s médiem fotografie. Tyto manýry odmítám a budu se snažit vysvětlit, jak vidím práce Dušana Šimánka, vnímaného v první skupině jako fotografa, v druhé skupině pak jako zcela neznámého autora.

Budu mluvit o obrazech (rozuměj v médiu fotografie) z volné tvorby, které kniha prezentuje. Podle mého k nim nepatří Šimánkova užitá tvorba, která je sice technicky i esteticky dokonalá, ale pouze kvalitně simuluje skutečnost a plní obchodní zadání.

Na první pohled každý ocení malířskou povahu Šimánkových fotografií. Jako by nešlo o zachycení zajímavých míst či detailů, ale o jejich převedení do formy, jež diváka znejisťuje: neví, co přesně vidí, není si jistý, zda jde o spekulaci, náhodu, „živou" fotografii nebo počítačovou manipulaci. Asi zde bude nutné přiznat, že se jedná o nemanipulovanou fotografii, o technicky precizní práci, nacházení vizuálních detailů a čekání na světlo, čas a následně o velkoformátový tisk na speciální grafický papír.

Pokud mám pojmenovat, co je obsahem Dušanových obrazů, nemohu opomenout jeho stále modernistické přesvědčení o síle vize, o možnosti pozitivního duchovního sdělení. Jako pozorovatel nepoužívá žádné postmoderní ani postprodukční triky; tím nechci říci, že to je jednoznačně pozitivní postup.

Pouze popisuji jeho vidění a jeho specifickou schopnost vyjímat z reality obrazové části, které lze „jen" převést prostřednictvím fotografie do plochy.

Na několika cyklech, které nejsou záměrně řazeny chronologicky, ale vizuálně či pocitově, lze pozorovat technickou i myšlenkovou důslednost Dušana Šimánka. V těch starších – v několikrát vystaveném a v zahraničí úspěšném Tichu nebo v epizodickém bradburyovském cyklu Bazén – je patrná silná poetická rovina, téměř na hranici sentimentu. V sérii Nedělní odpoledne, která vznikala v průběhu mnoha let, zůstala lyrika jen v názvu; v obrazech už je silně přítomen ironický podtext. Na druhé straně nejsou novější fotografie už zdaleka tak abstraktní. Přesto ani v současných cyklech Kulisy a Bez názvu nejde o sociální dokument (tak jsou někdy vnímány i záběry z Ticha – jako vzpomínky na lidmi obývané prostory v dnes již neexistujících domech starého Žižkova), ale právě o subjektivní záznamy vizí ne nepodobné myšlení umělců, jako jsou Václav Boštík nebo Karel Malich, abychom se prostřednictvím malířského média přiblížili ke zmíněné modernistické reflexi. Aktuální cyklus Multiply nenaznačuje návrat k abstrakci Ticha, nýbrž „nevinnost obrazů" v možnostech technické reprodukovatelnosti světa, tedy jejich tak relativní jedinečnost.

Je nutné říci, že Šimánek stále vědomě pracuje s realitou. Obrazy není třeba vymýšlet, existují všude kolem nás. Je na autorovi, který obraz vybere a bez jakéhokoli moralizování převede do fotografie (to už jsem vlastně u postmoderního přístupu). Dokonce se mi ani nezdá důležité, jak a s čím je ten nový, vytržený obraz reality konfrontován; nevidím ani žádnou virtualitu ve výběru – autor si zkrátka vybírá jen to, co odpovídá jeho vlastní integritě. A to je asi nejdůležitější: mít trpělivost a odvahu mluvit nakonec zcela sám za sebe.

## Interpretace Ticha

*„Vycházím-li do světa, abych jej získal, ztrácím se v něm,*
*a když se vracím domů, abych se našel, ztrácím svět.“*
Vilém Flusser

Fotograf dnes nepotřebuje vystavovat, může jen obrazy předávat prostřednictvím médií. Vystavování je popřením toho, co je v člověku zvířecí – sklonu zapomínat na získané. Autorovým prostřednictvím se proto můžeme rozpomenout na ztracené.

Dušan Šimánek fotograficky zaznamenal sloh určité doby. Jeho hledání vizuality ve vystěhovaných domech starého Žižkova určených k demolici není informací o konkrétní intimní situaci, ačkoli tento rozměr je zdánlivě nejviditelnější. Na počátku stály náhoda a kouzlo nechtěného, uprostřed vědomá zkušenost a na konci dokonale senzitivní a přitom věcný obraz.

Médium fotografie umožňuje Šimánkovi zachytit příběhy „psané životem“ a vyhledávat skutečně náhodné obrazy, výjimečné a nevyspekulované. V tomto „civilizačním“ (nikoli sociálním) umění je destrukce zároveň konstrukcí něčeho nového.

Šimánek zprostředkovává téměř voyeursky obrazy nevýznamné a zapomenutelné, paměť místa a způsob života. Zastavil dějiny v jejich nepodstatných obrazech a kanonizoval jejich malost a nechtěnou krásu, která reflektuje jeho subjektivní emoce. Používá fotoaparát paradoxně modernistickým způsobem, kdy výsledkem není technický záznam ani vizuální koncept, nýbrž klasický obraz, jenž mohl být namalován.

Šimánkovy fotografie bývají přirovnávány k malbě; to však nebyl autorův záměr. Původně projekt vznikal jako dokument, postupně se z něj však stala autorská výpověď ve formě minimalistické fotografie-obrazu. Tato ambivalence – výrazová mezi médii (odrážející realitu a abstrahující), ale i obsahová (není jasné, co přesně vidíme) – je v Šimánkově díle nejvíc vzrušující.

Hra mezi formální krásou tradičně vnímaného obrazu a jeho intimními aspekty (opuštěné byty, kdysi pečlivě nazdobené) pochopitelně působí velmi silně – divák automaticky vstupuje do tajné zóny, včetně té autorovy.

Holanovské TICHO zastupuje osudovost, vypráví o srozumitelném bezčasí, o existencialitě, o něčem z naší podvědomě sdílené mentality. V této opuštěnosti se ztrácíme a nacházíme.

Lenka Lindaurová

## Ticho

*Dušanovi*

Vždycky mě dojímá vstoupit do opuštěné místnosti. Kdepak, ta není prázdná. Je tam ticho. Ticho, ve kterém se život stal ozvěnou. Tomu tichu lze naslouchat jemně, srdcem. Co života je ve smrti! A jakého života! Života už ode všeho oproštěného, čistého, vytříbeného. Ano, i v tom tichu se stává život uměním, a to je vskutku kouzelná proměna. Nasloucháme nevyslovenému, zříme neviditelné. Zapomenuté vzpomínky se vracejí naplněny novým smyslem...

Berlín 1989 Michael Zochow (1954–1992)

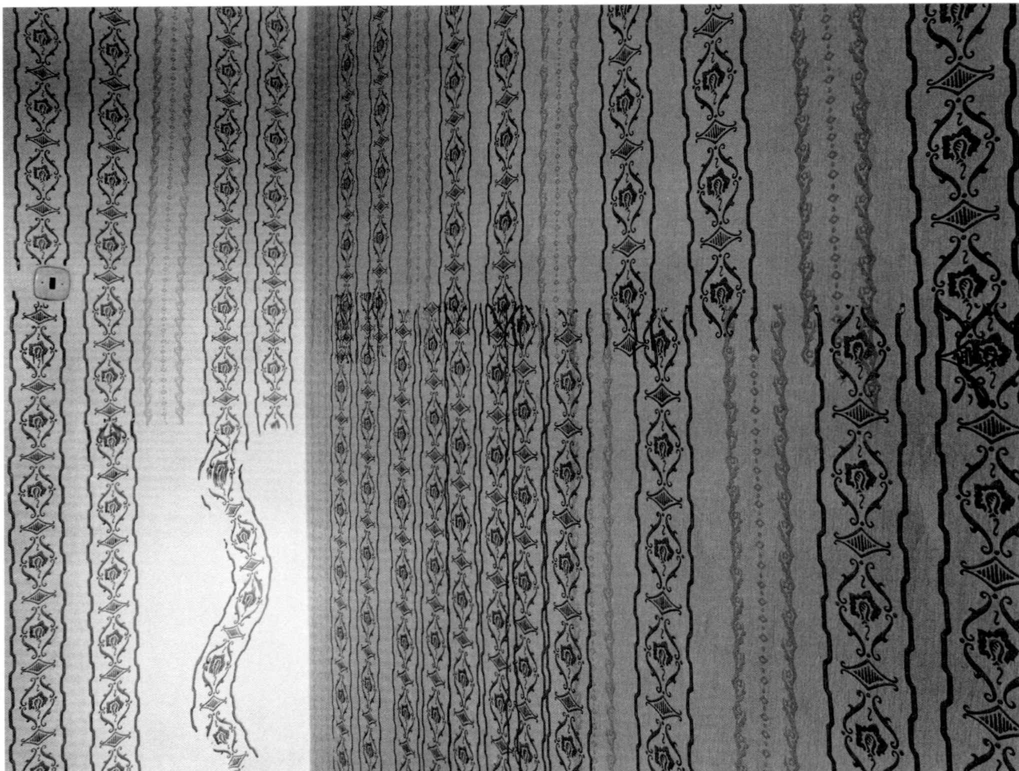

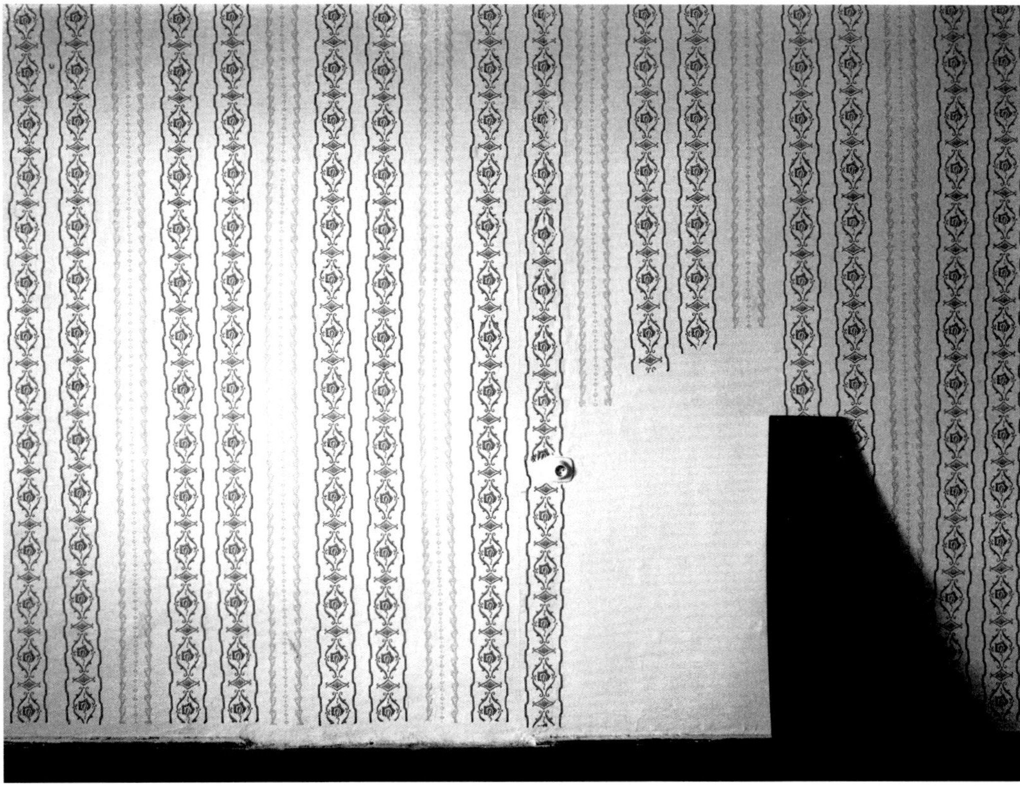

3

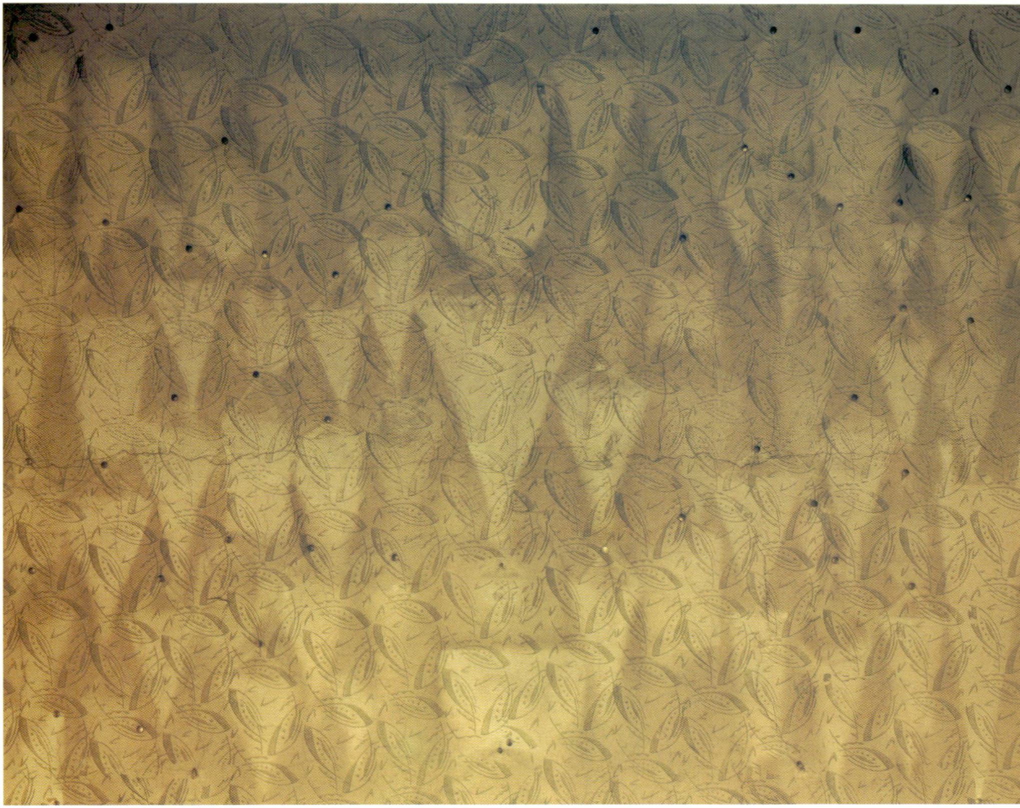

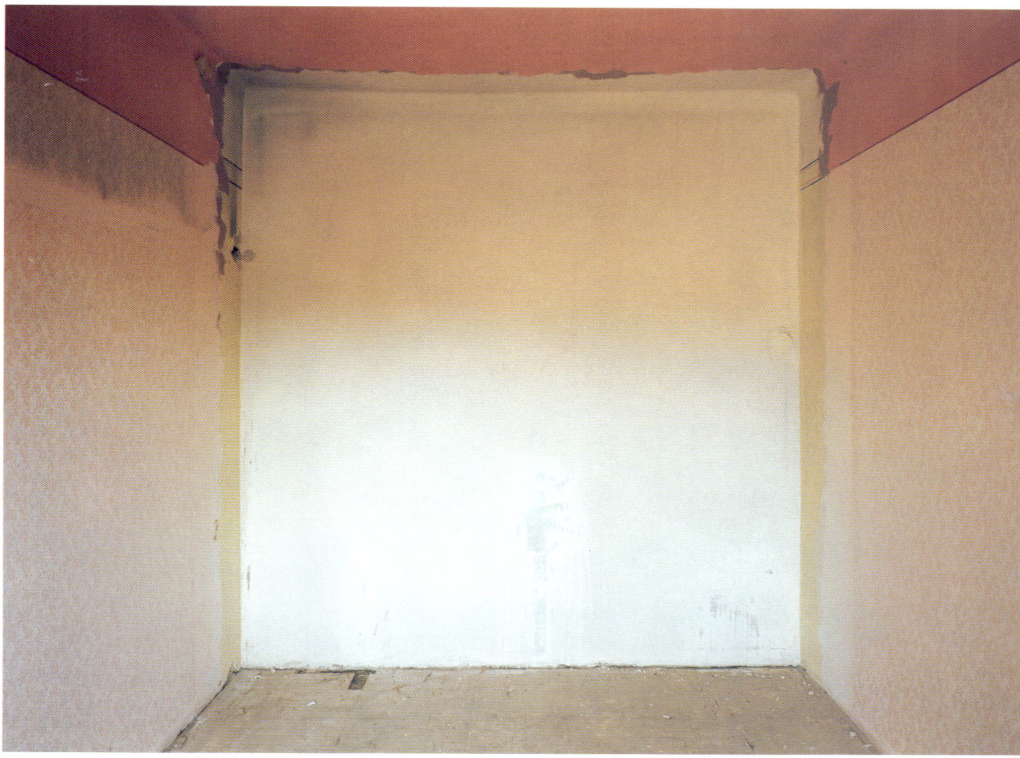

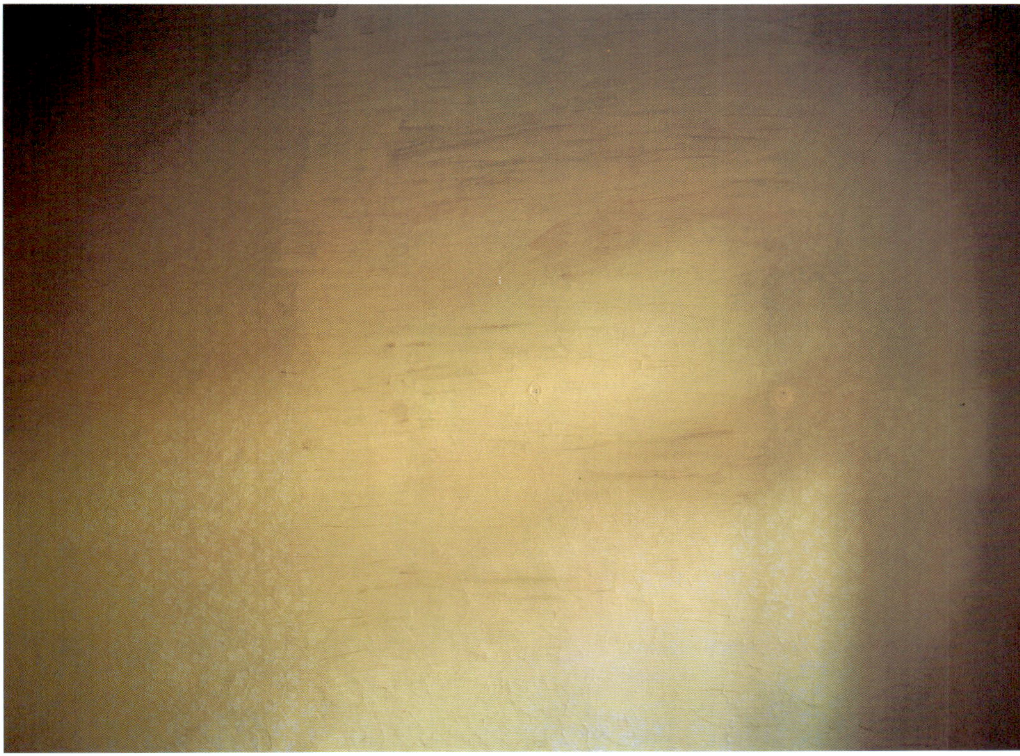

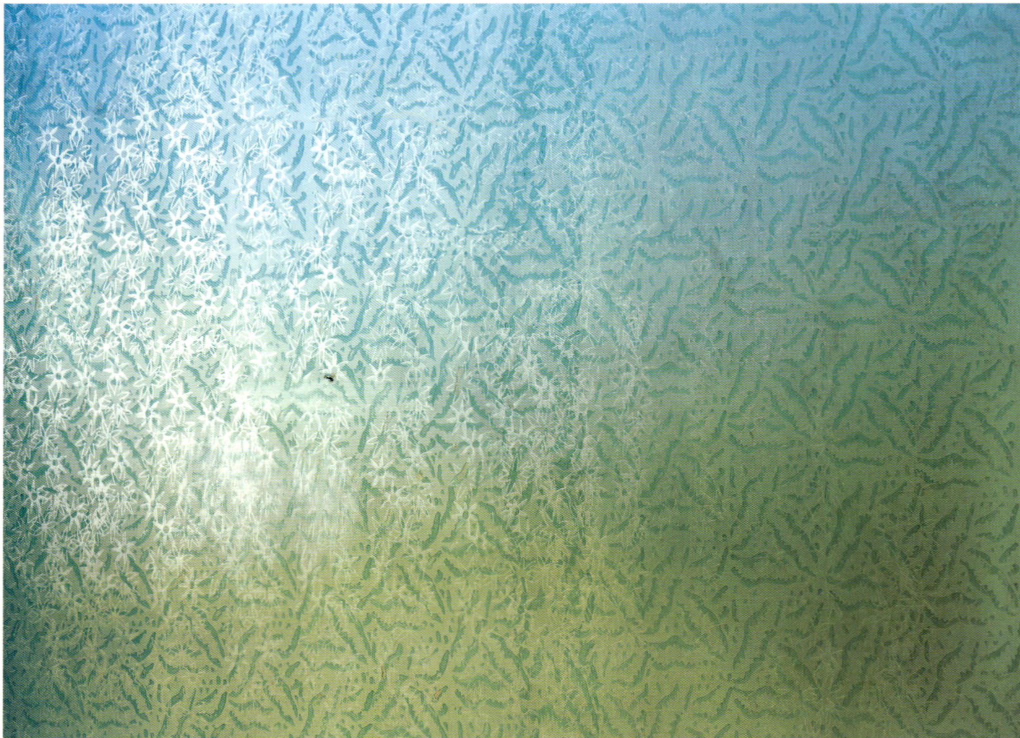

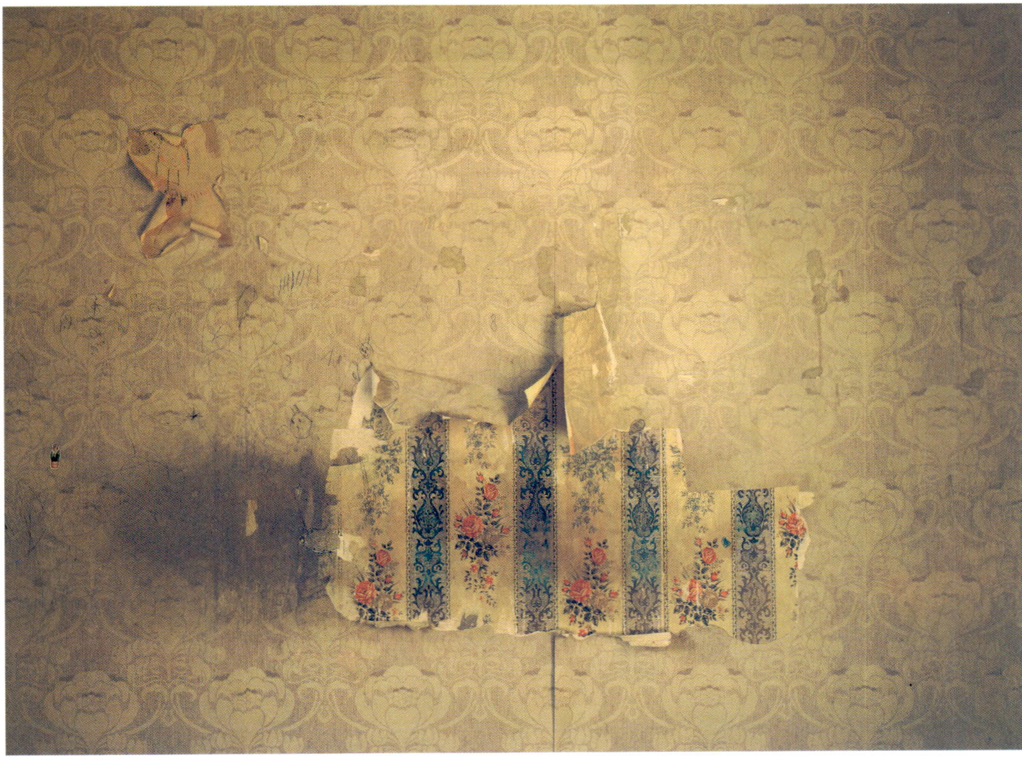

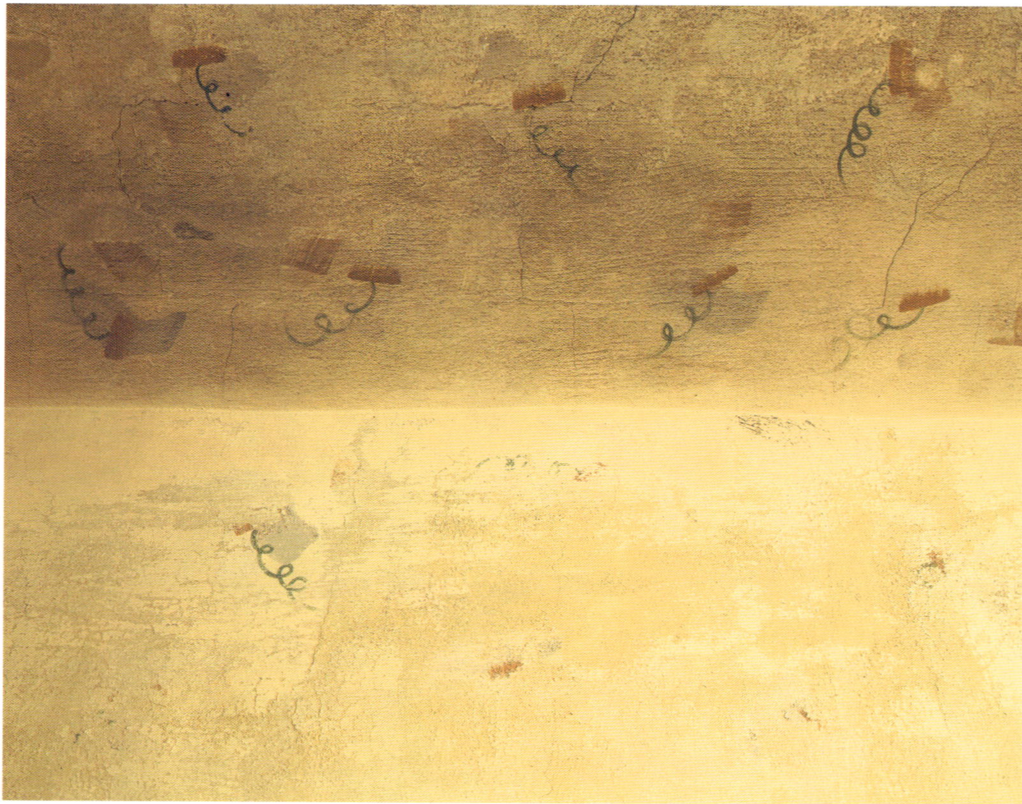

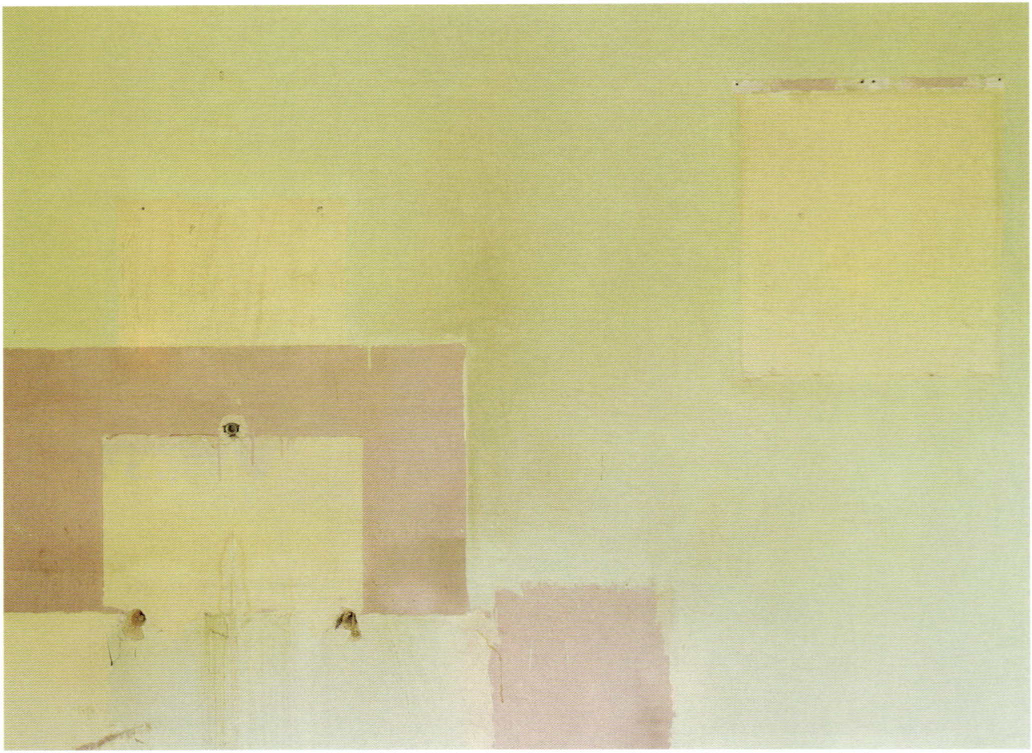

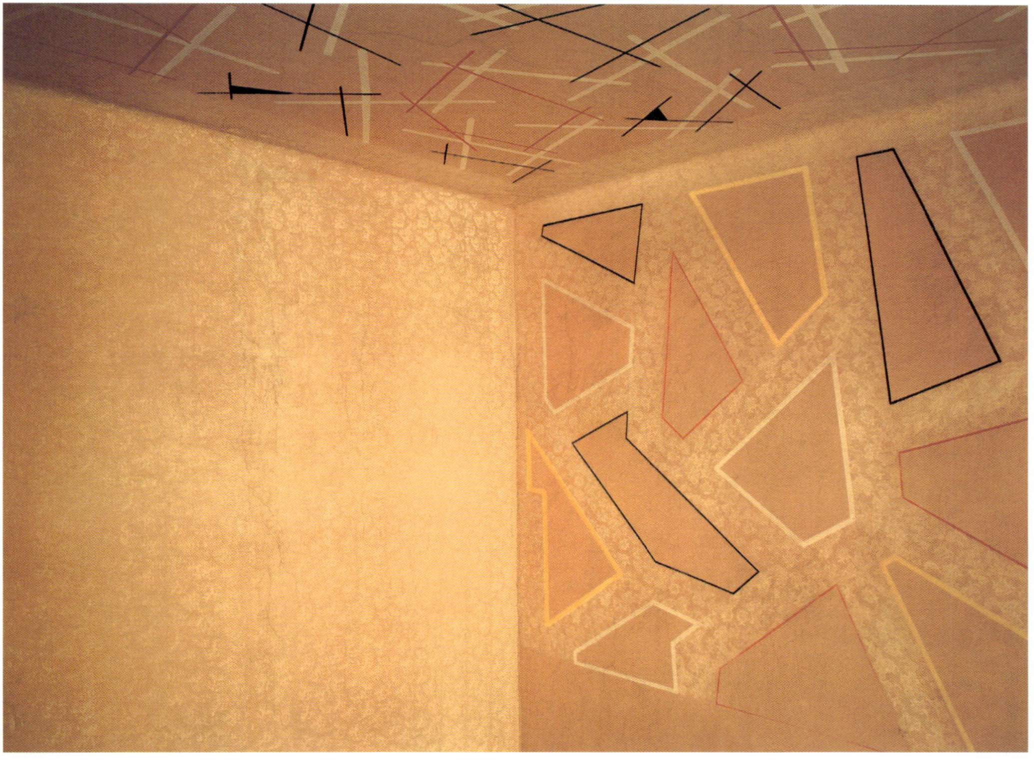

17

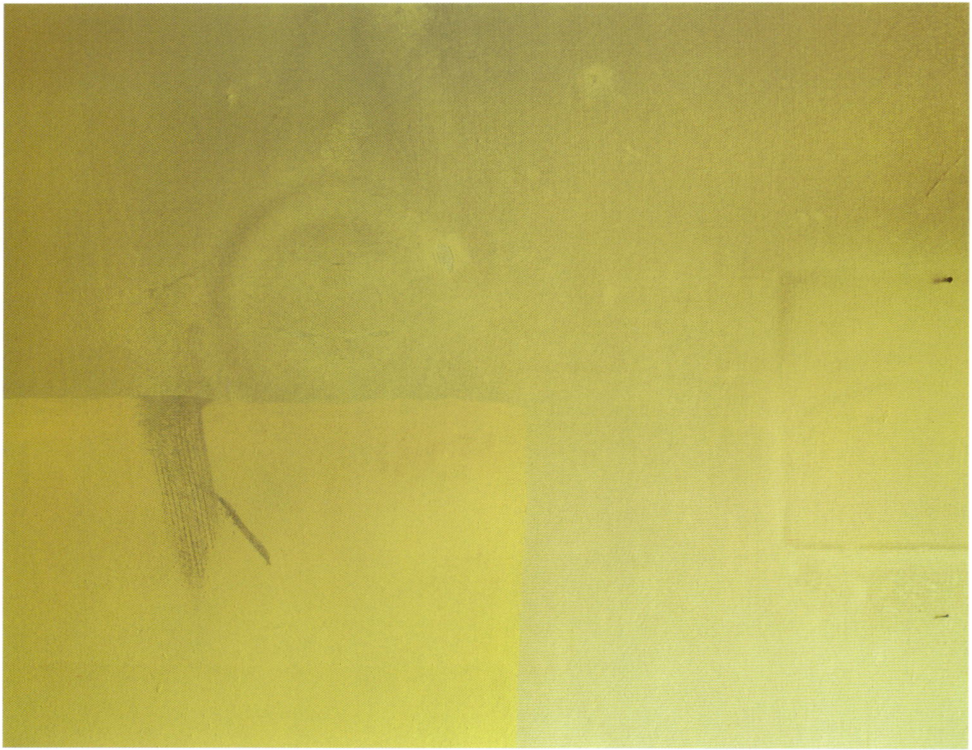

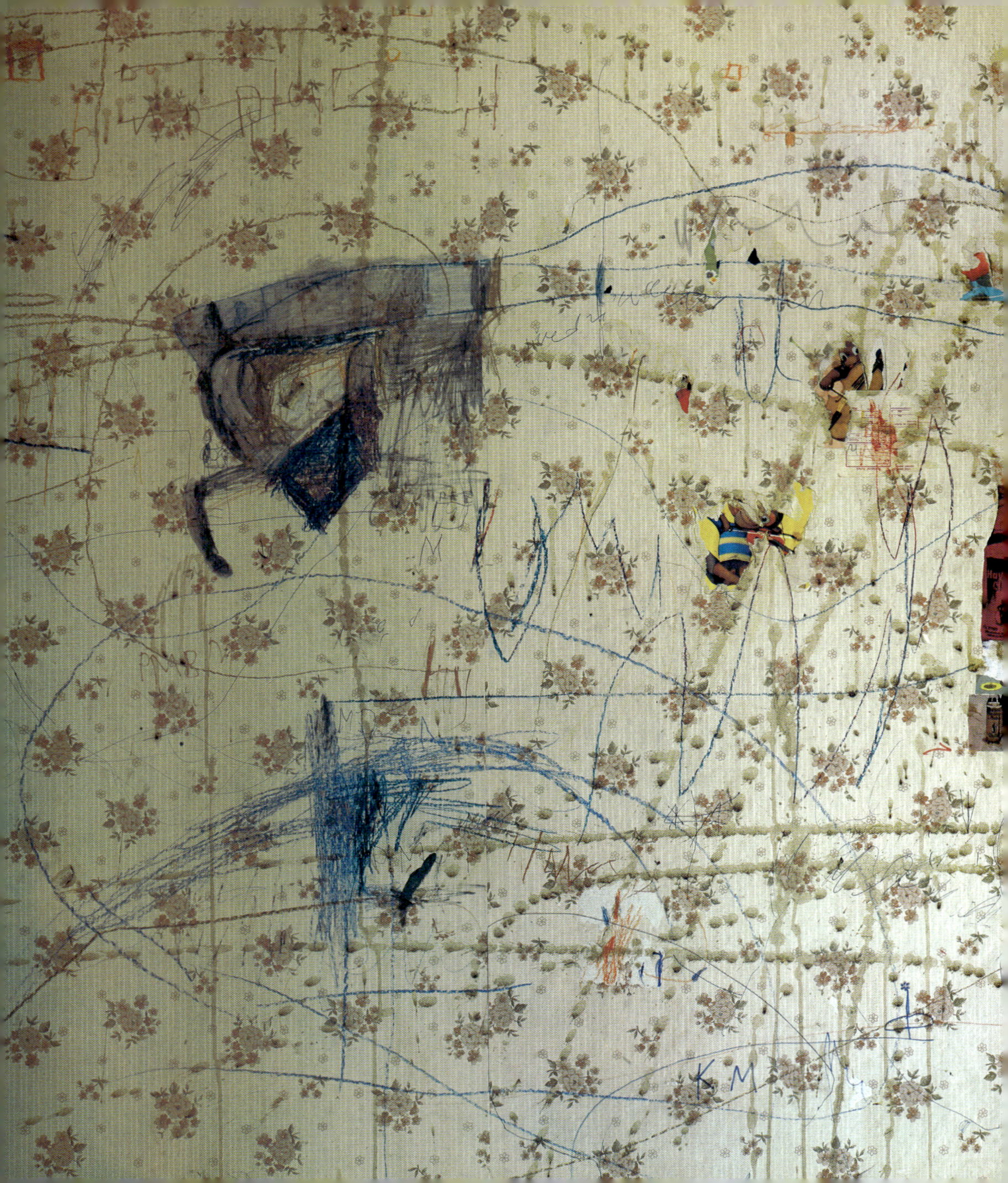

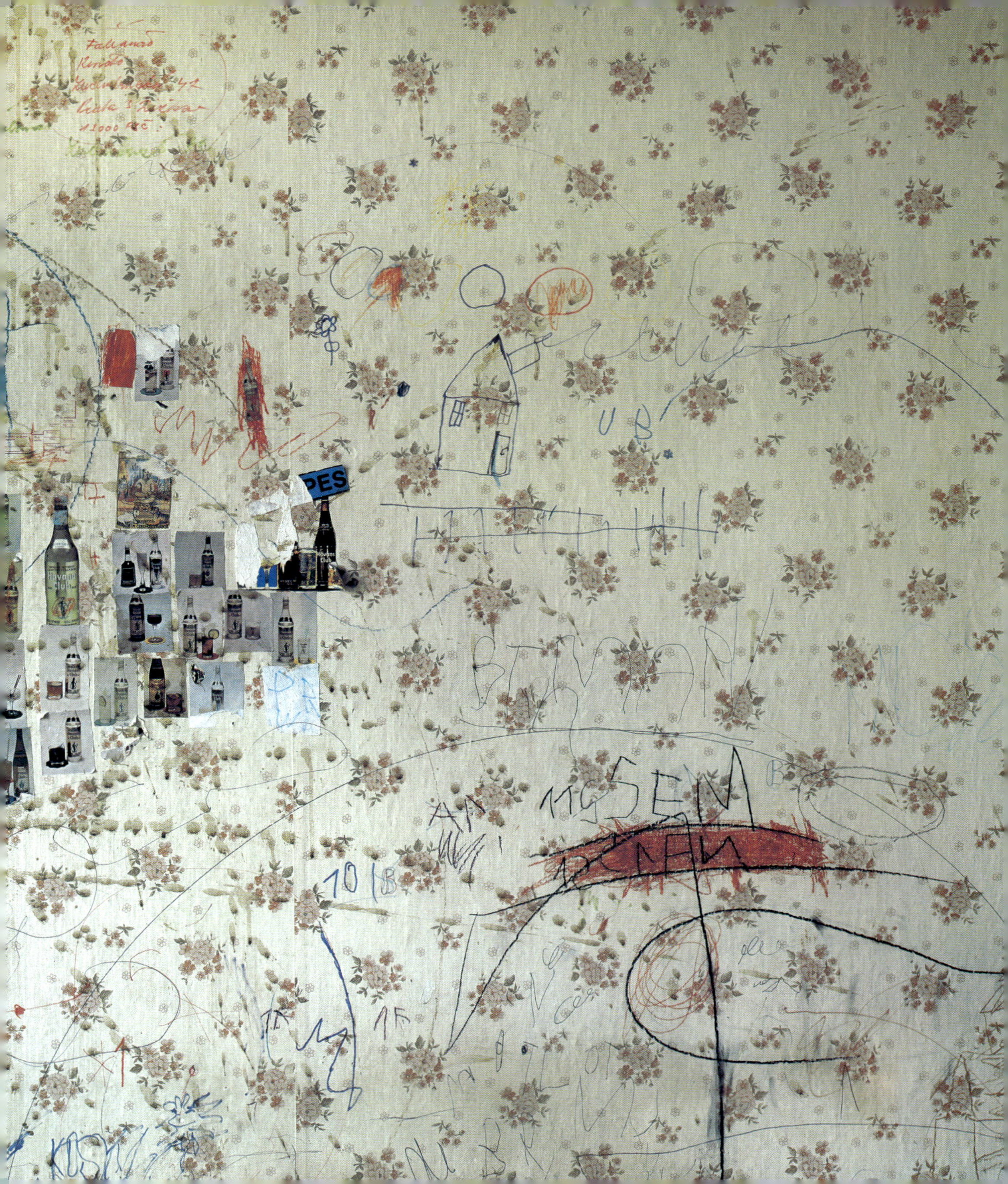
PES
SEM

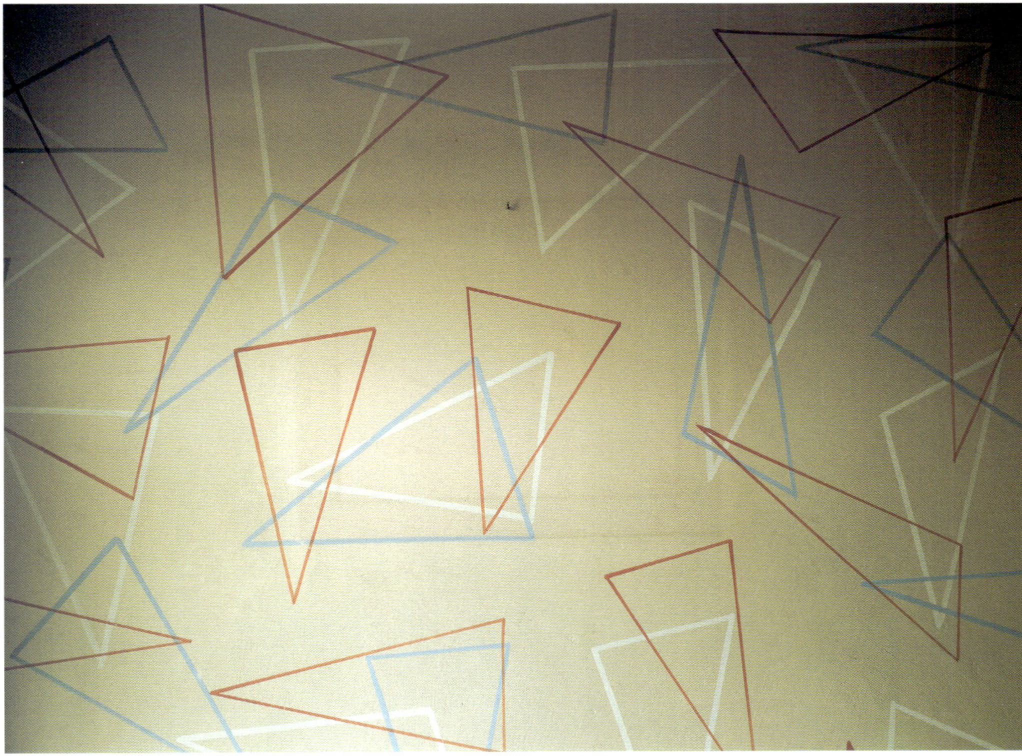

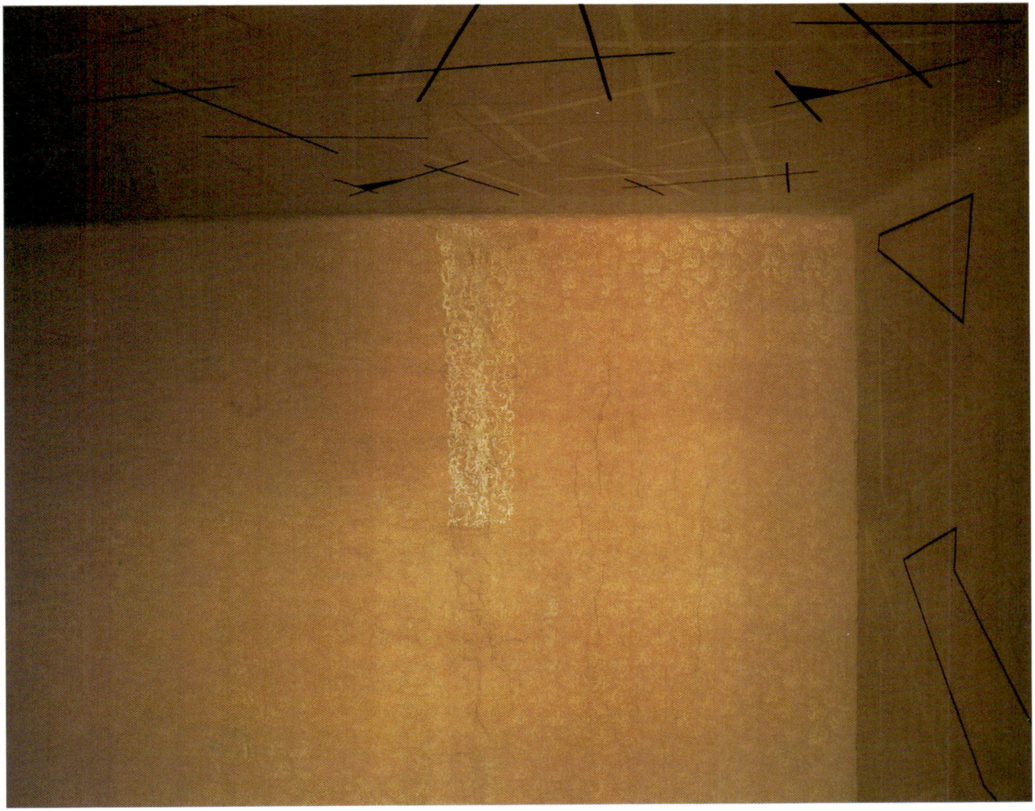



24 >

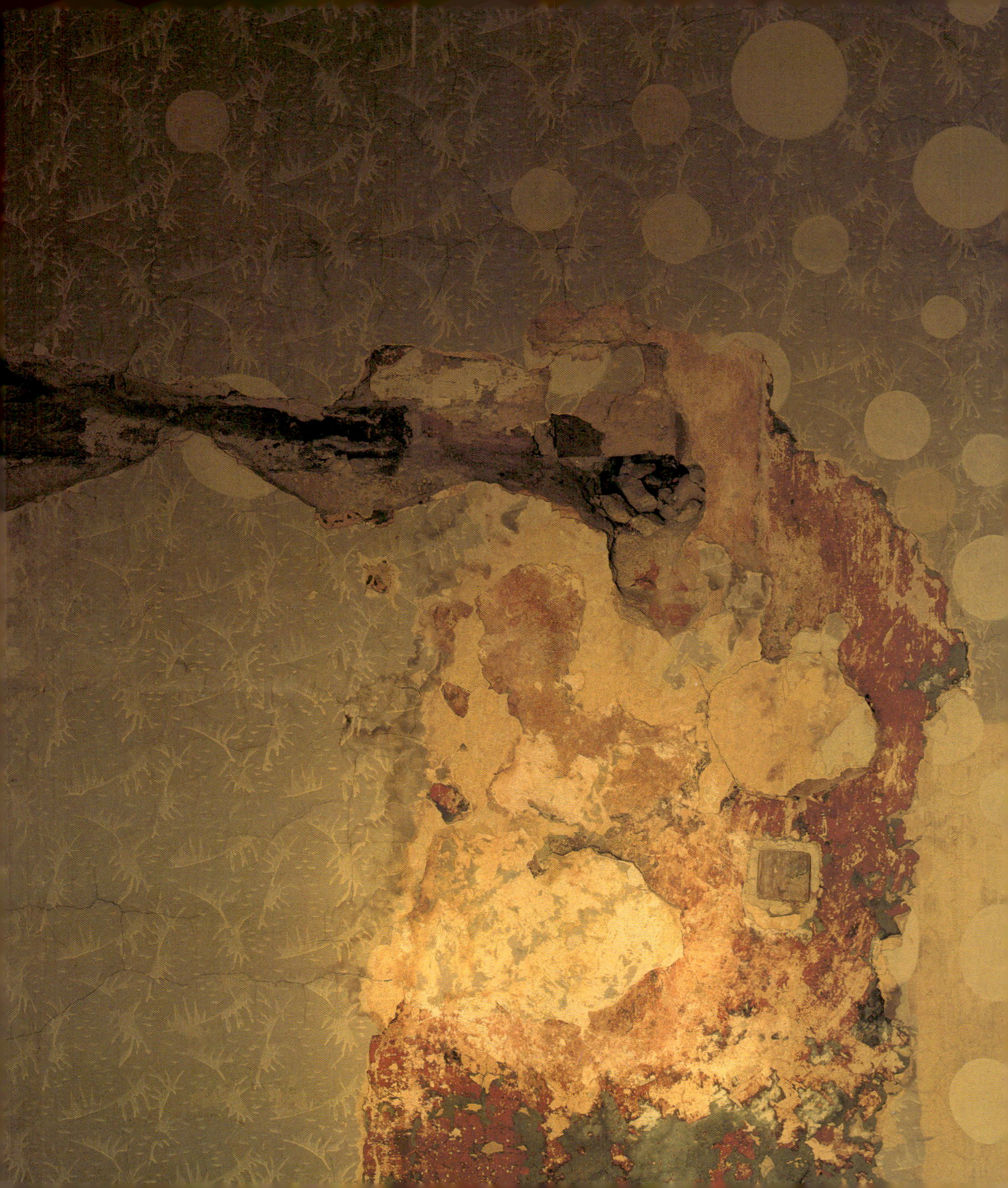

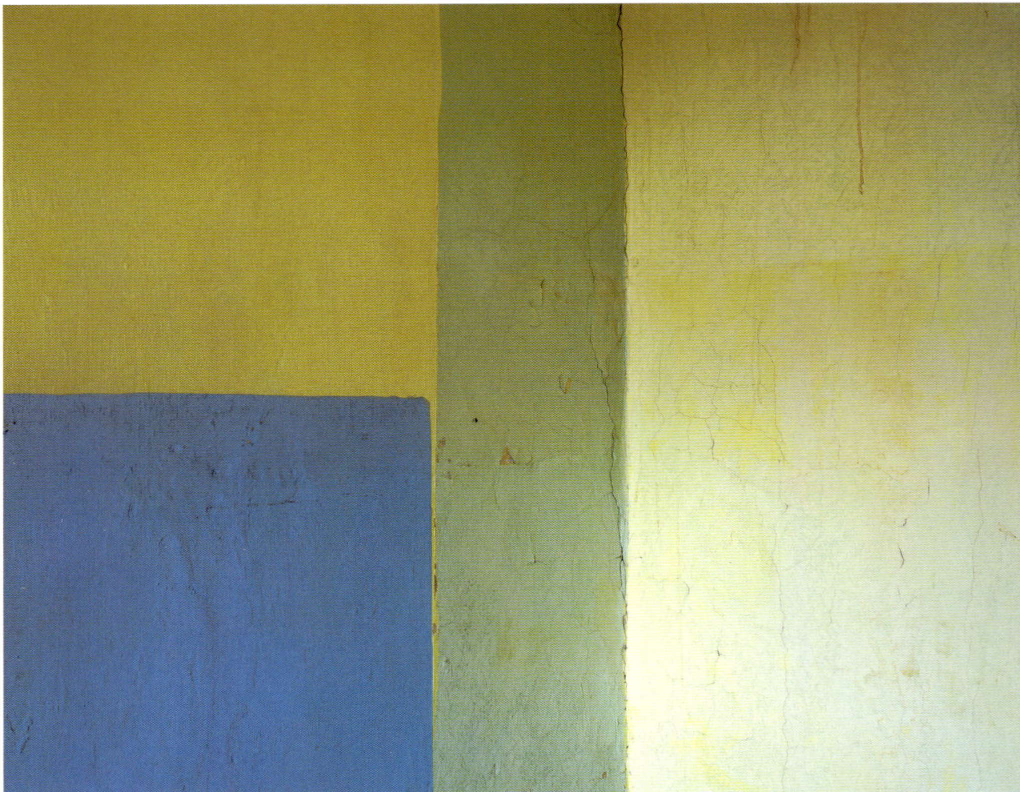

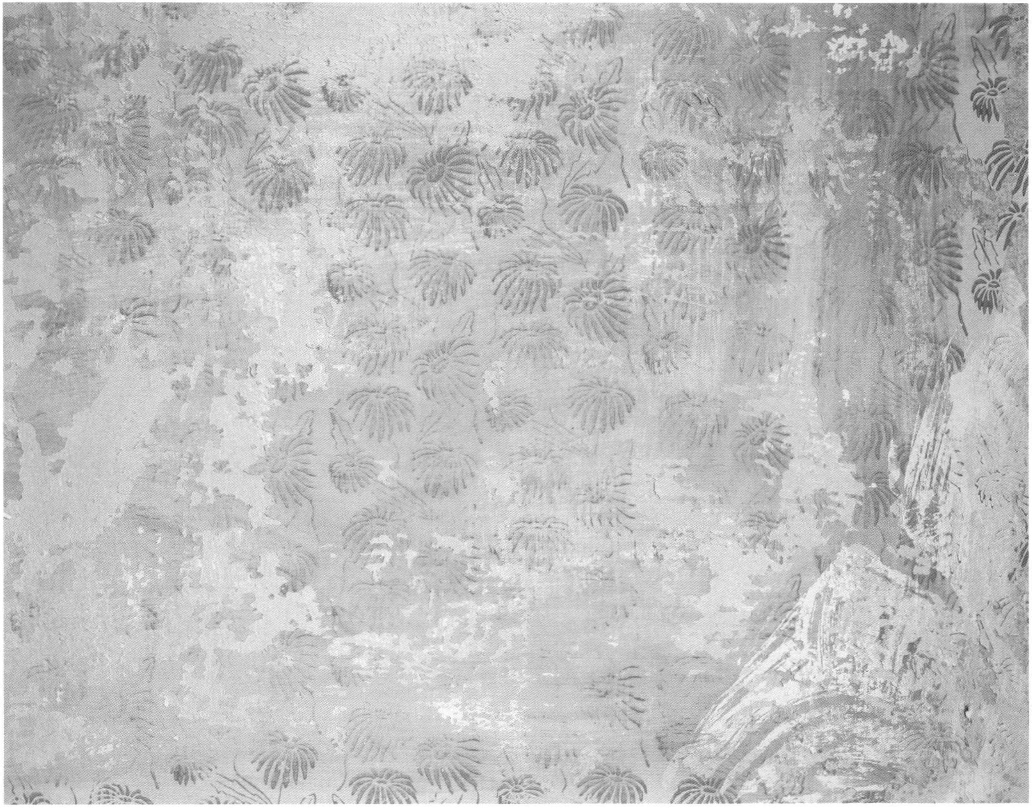

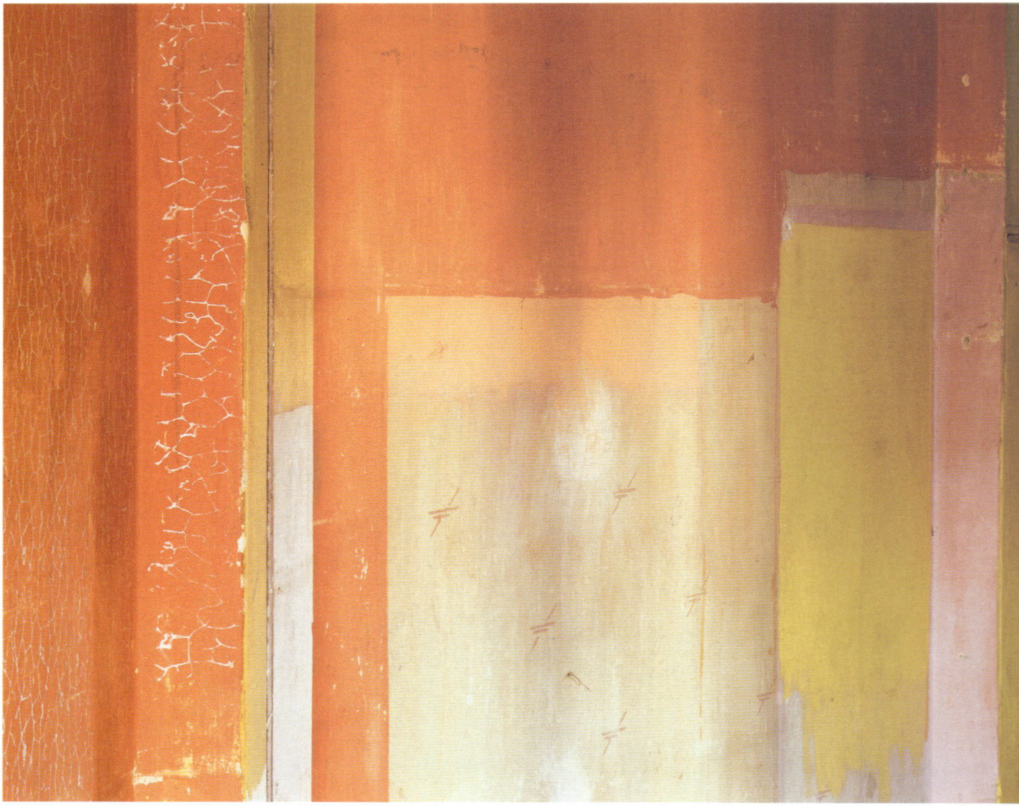

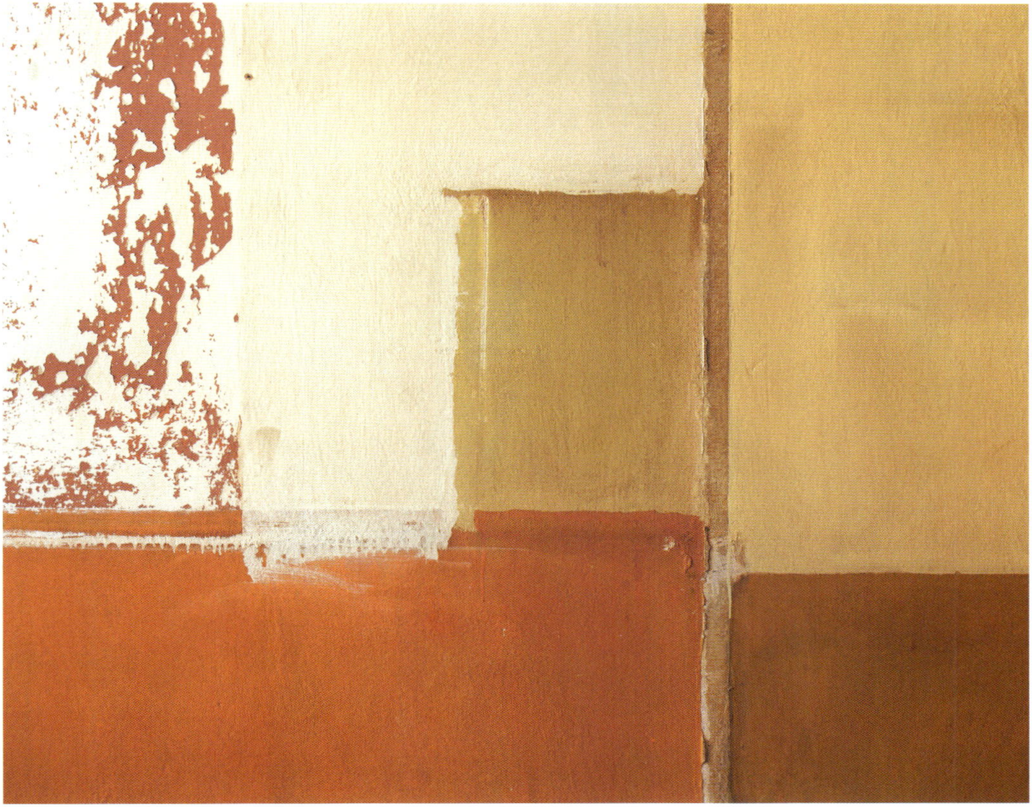

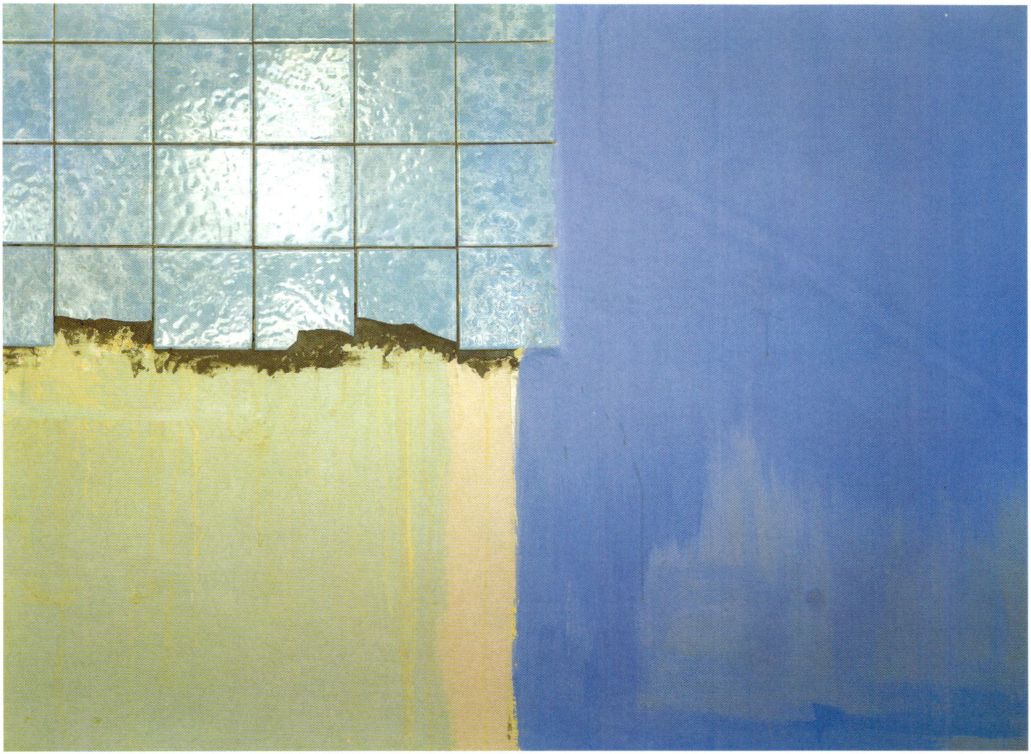

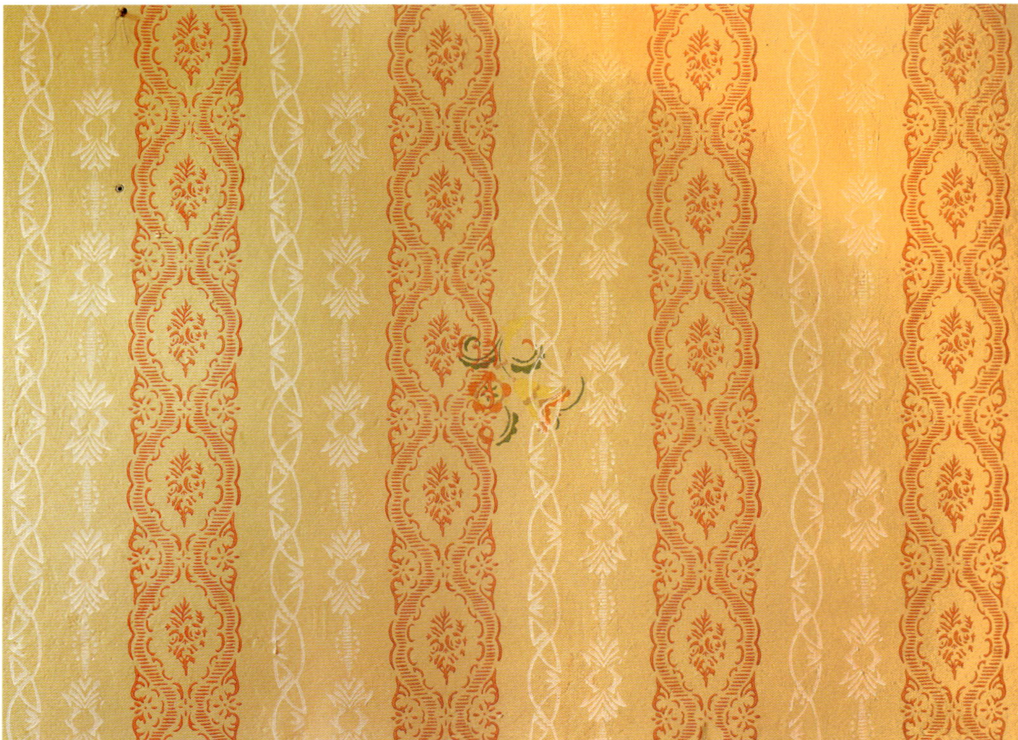

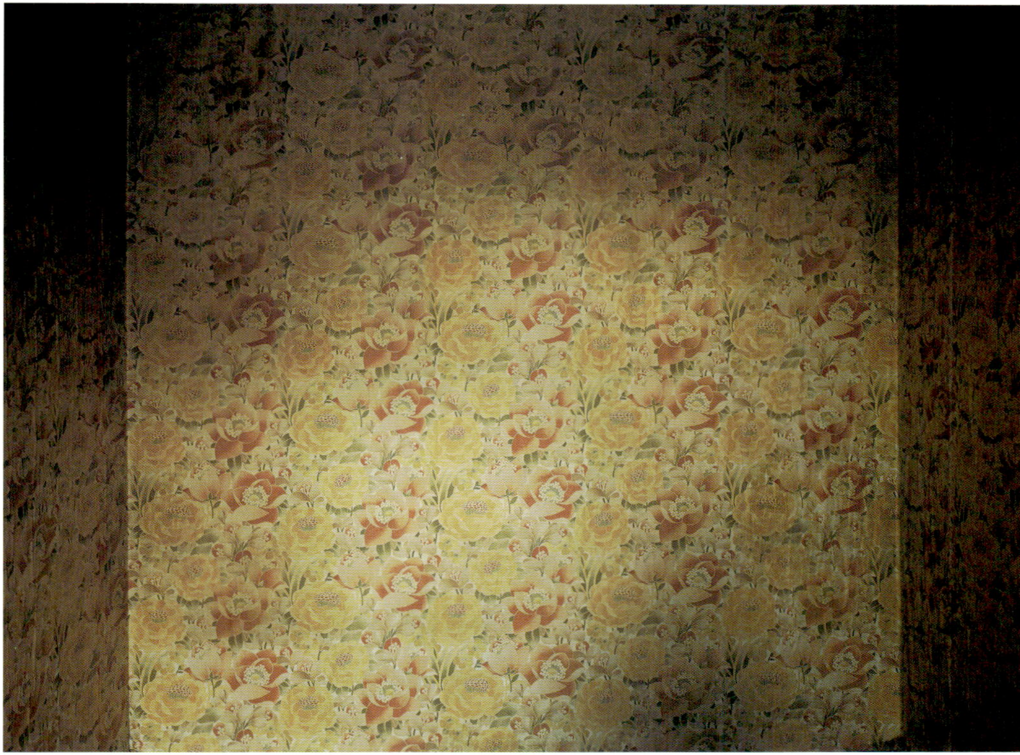

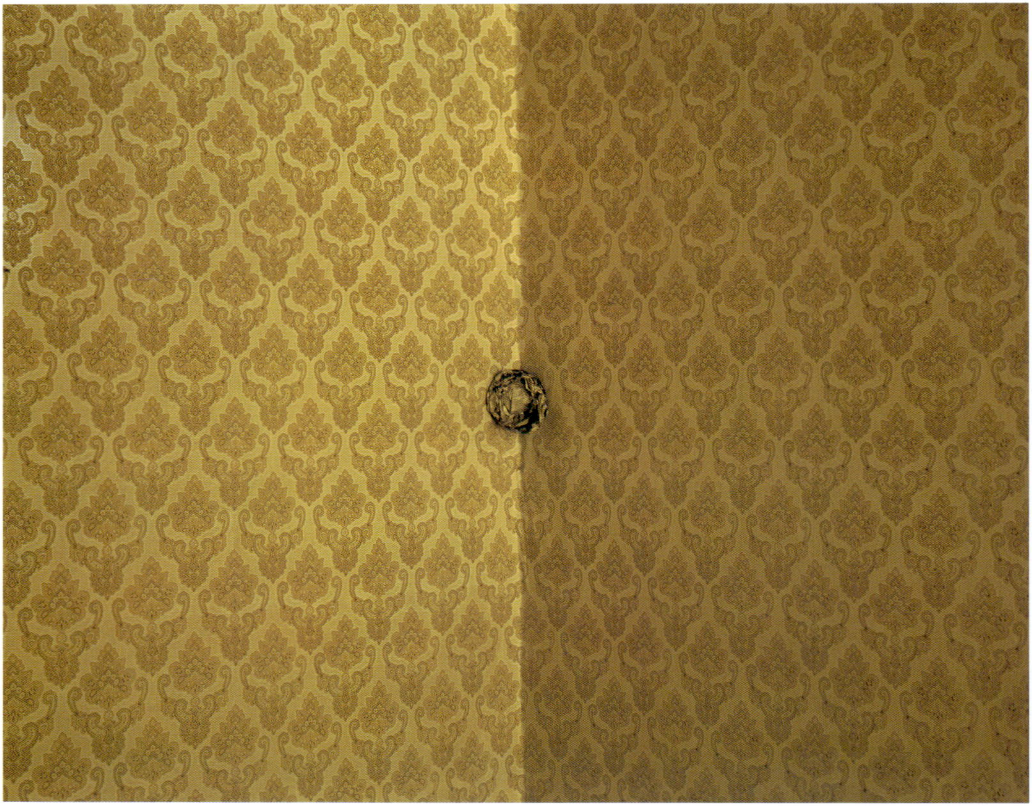

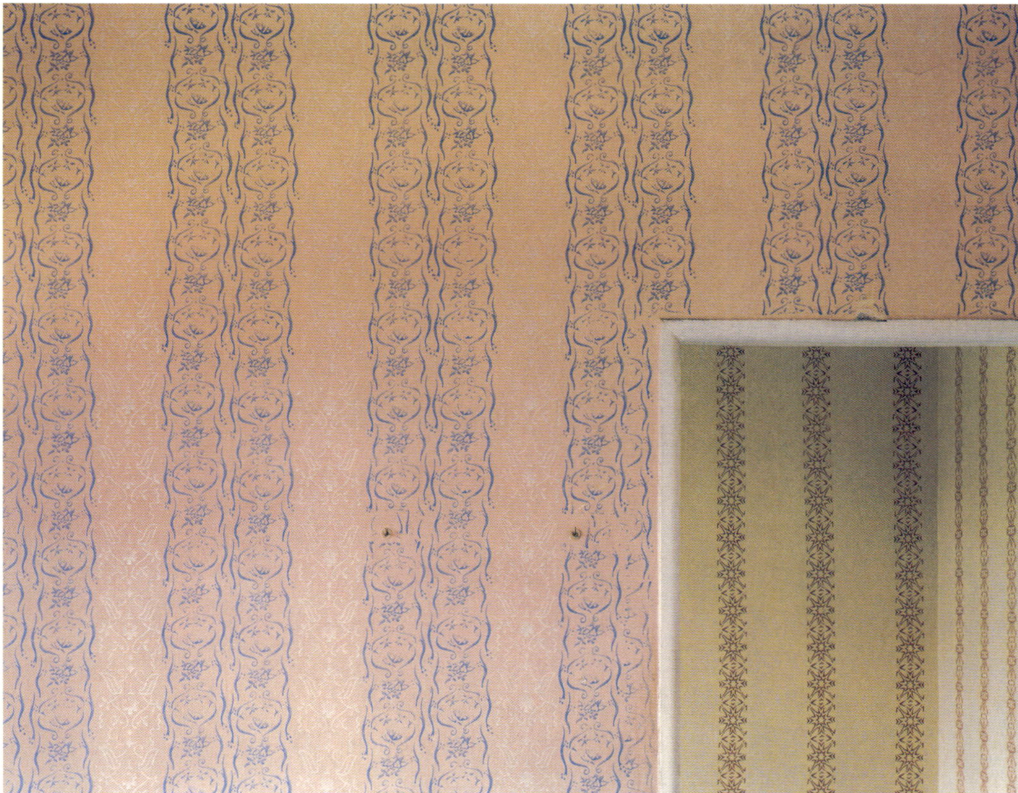

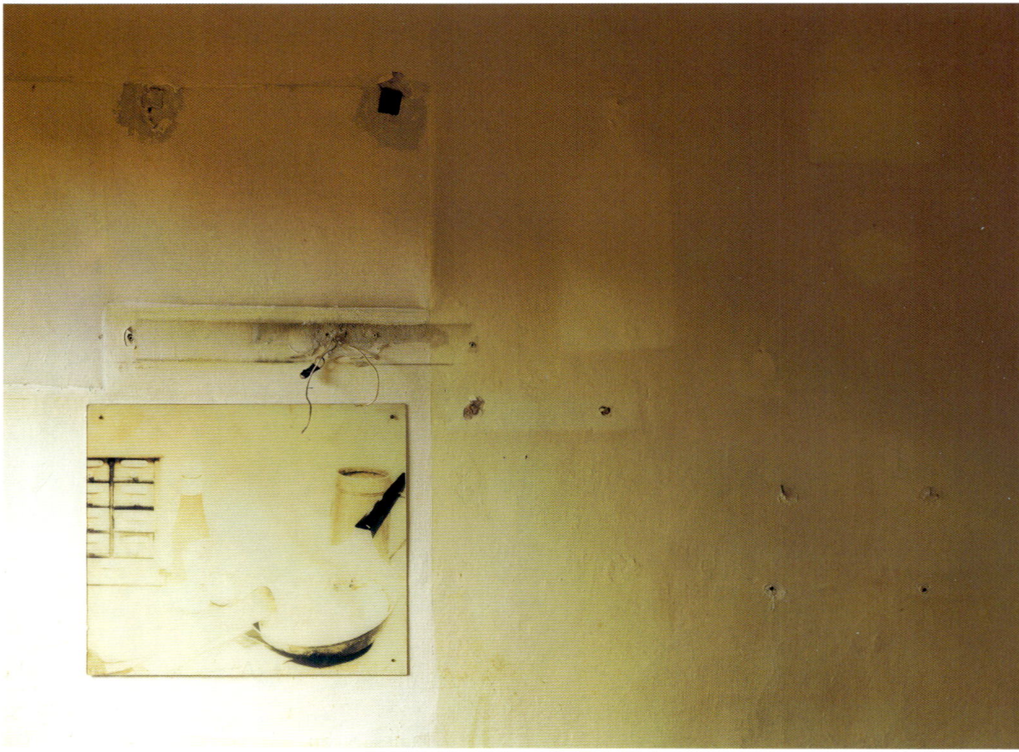

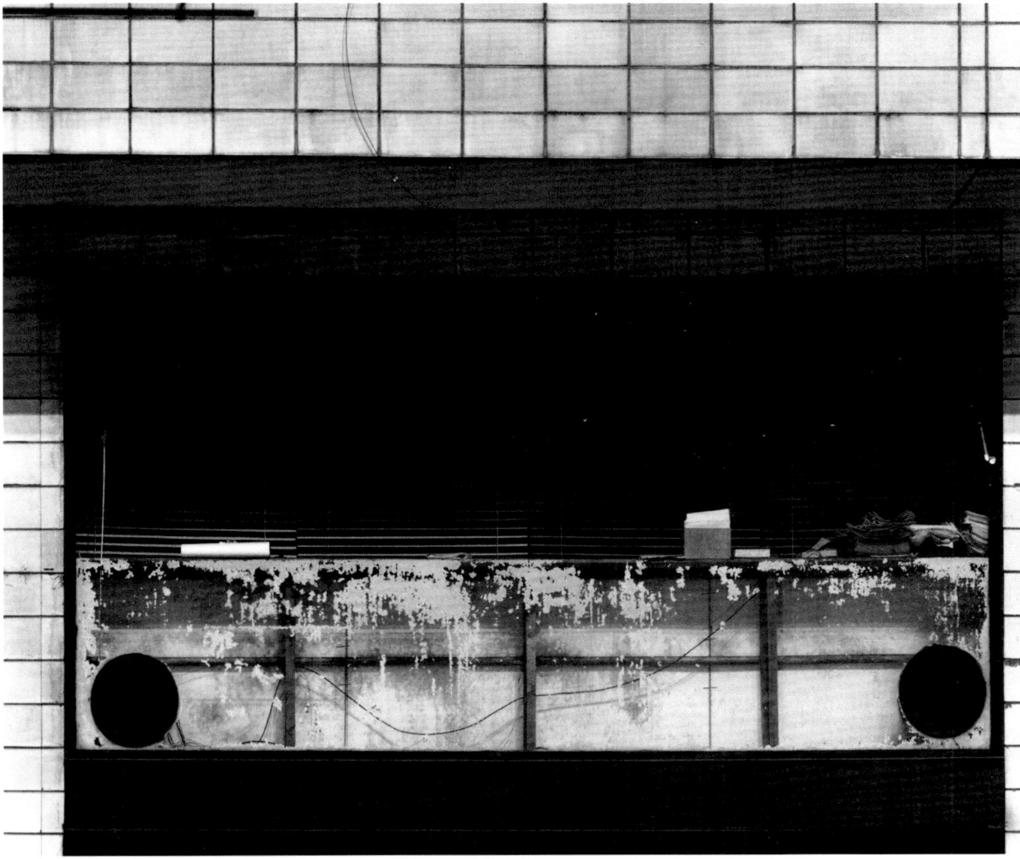

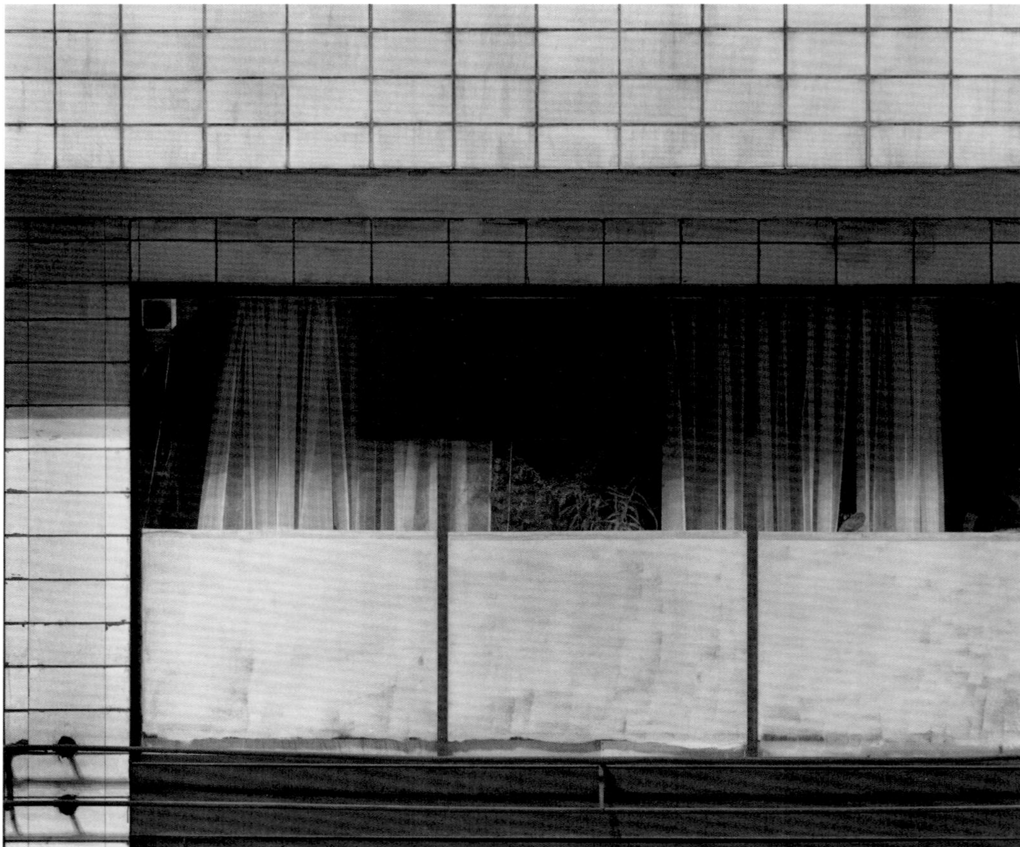

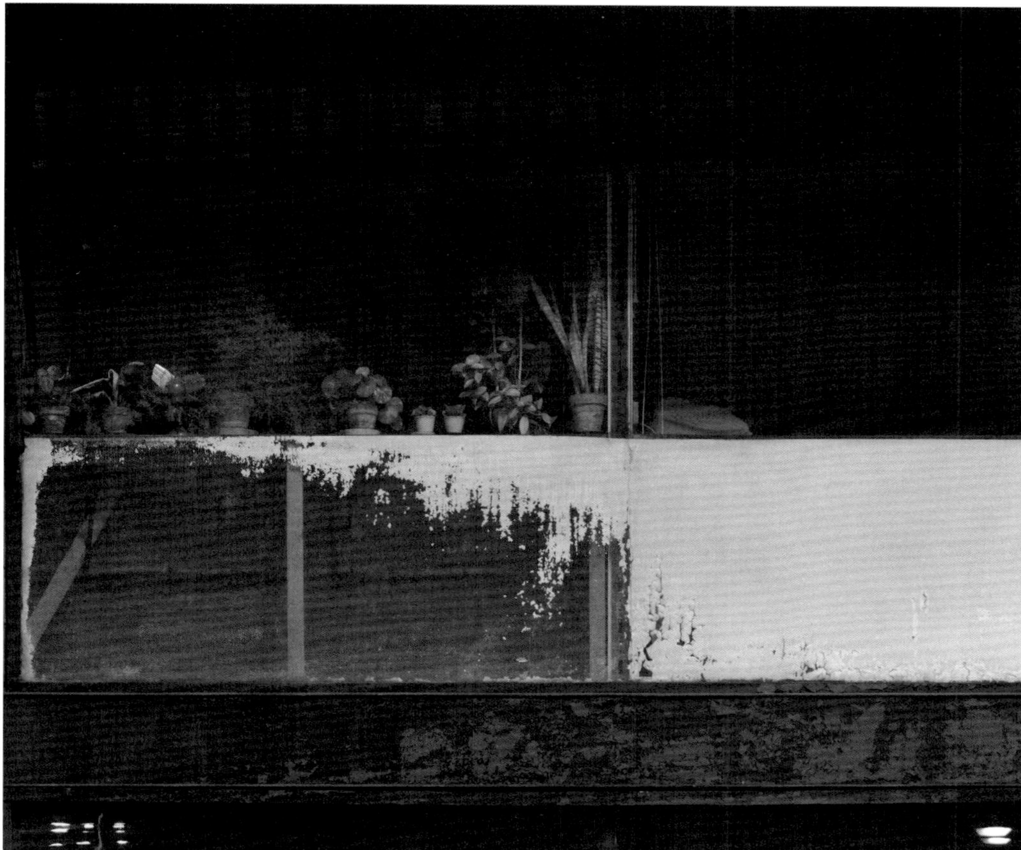

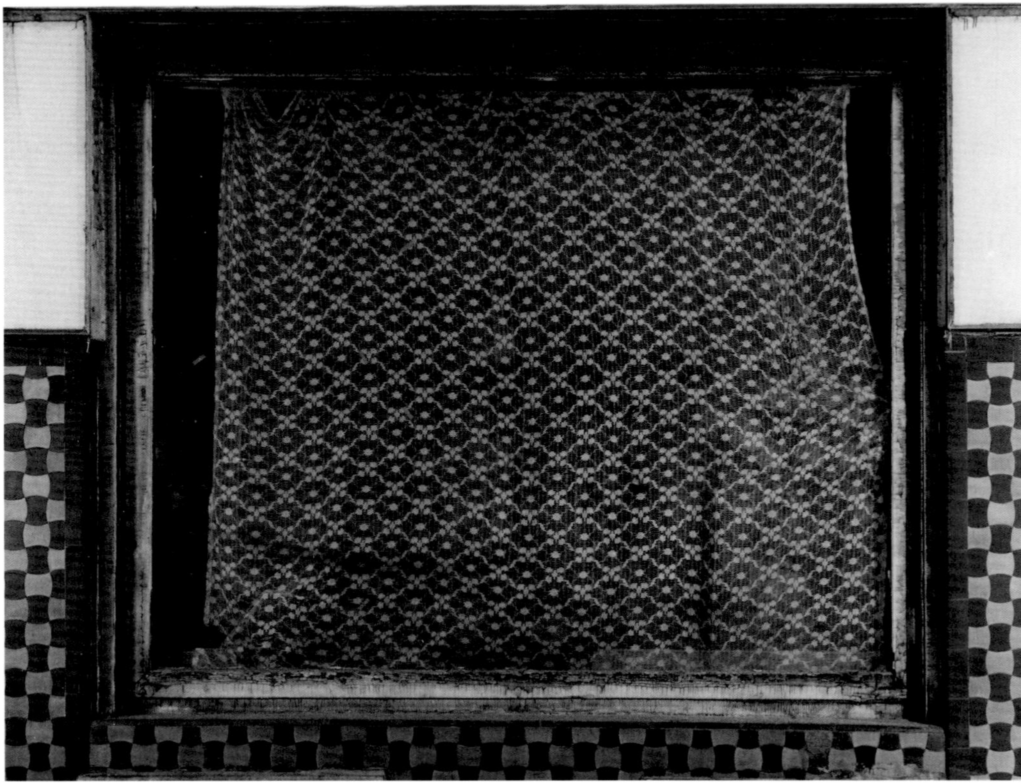

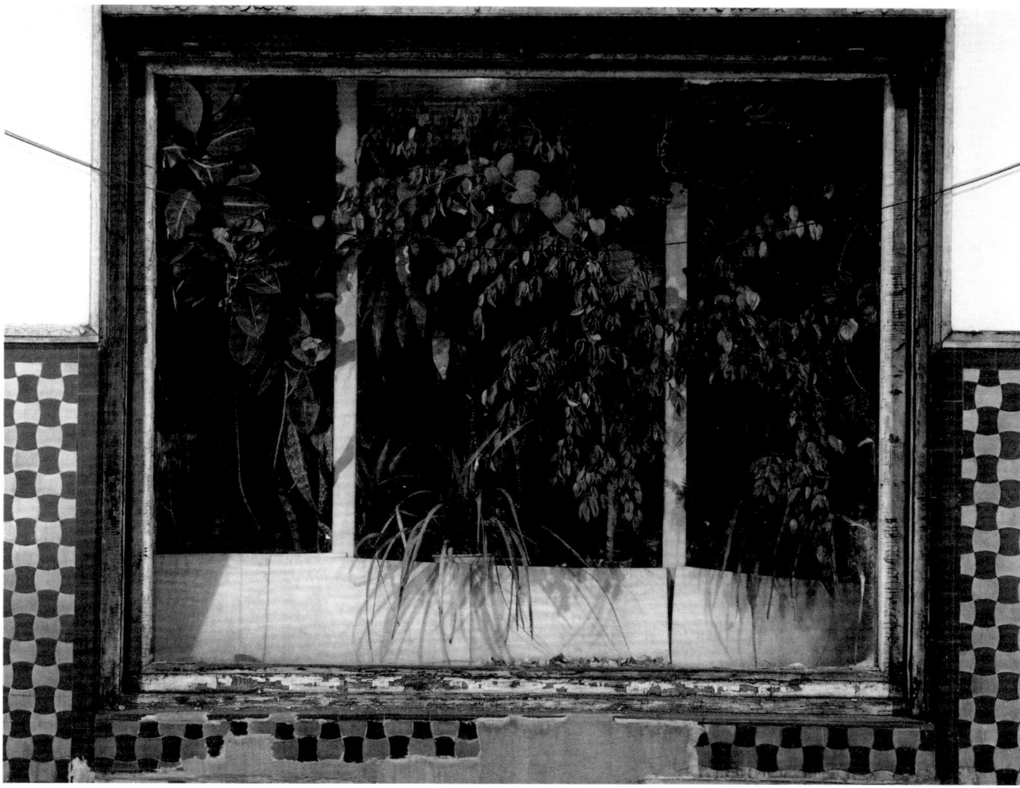

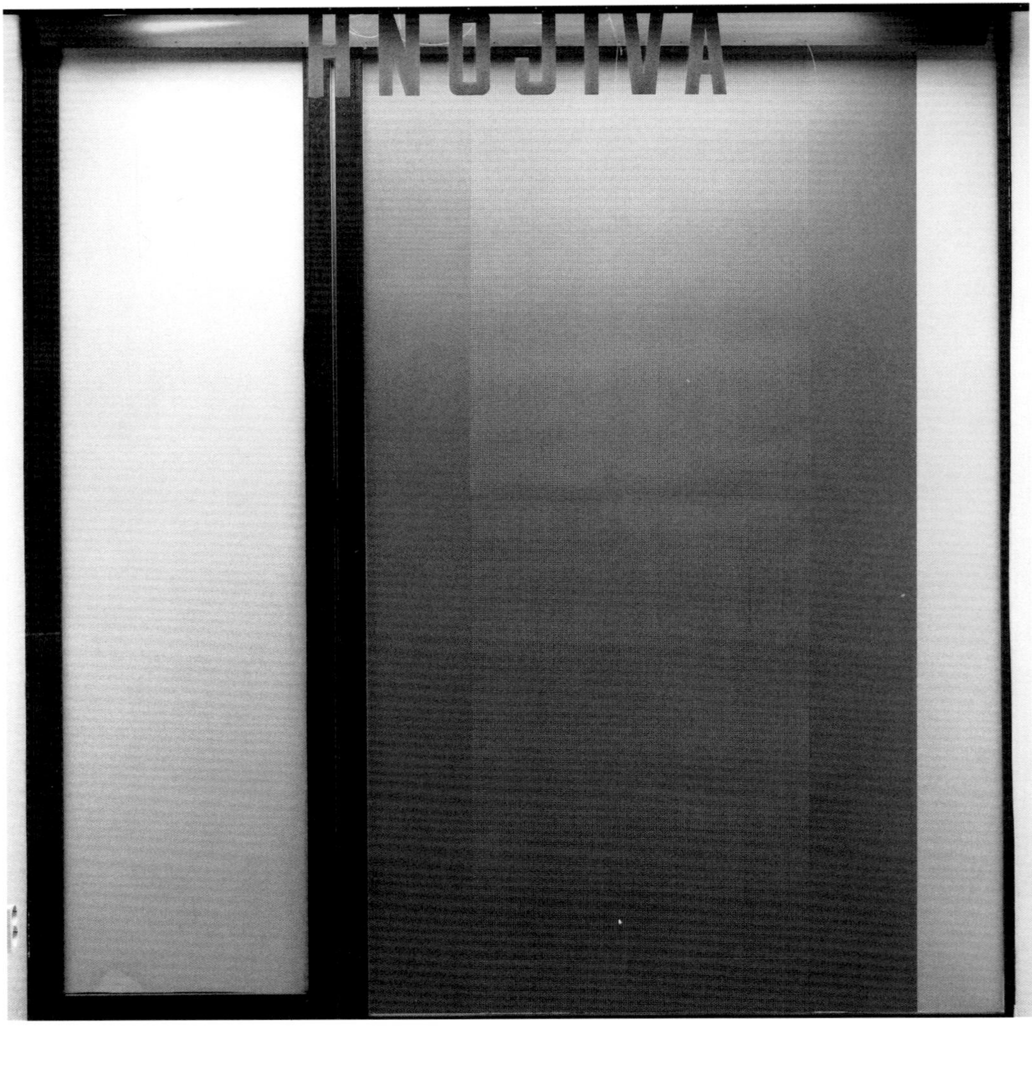
HNOJIVA

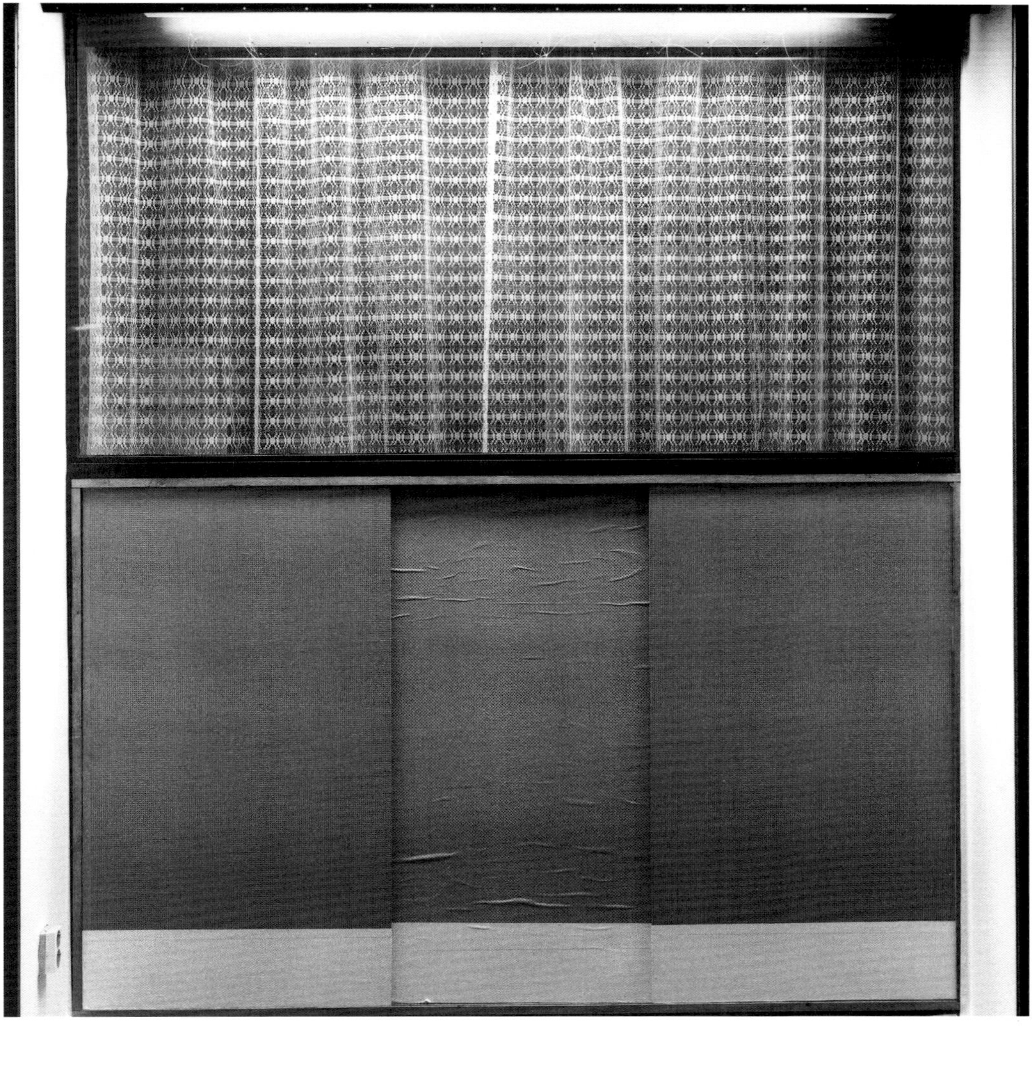

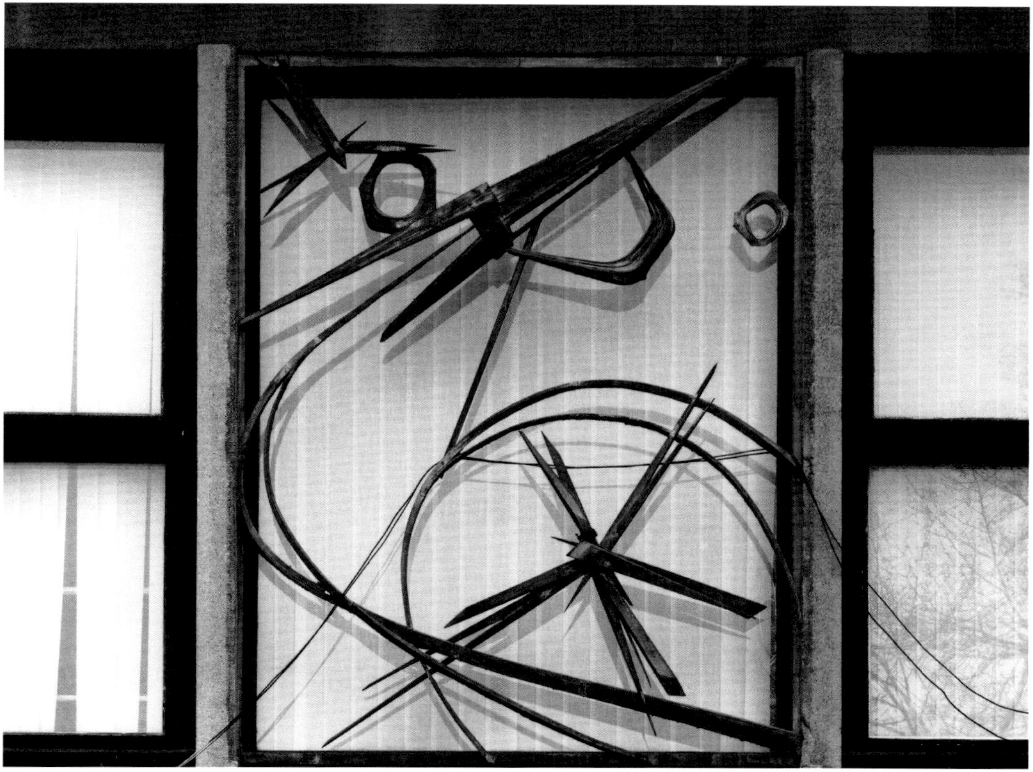

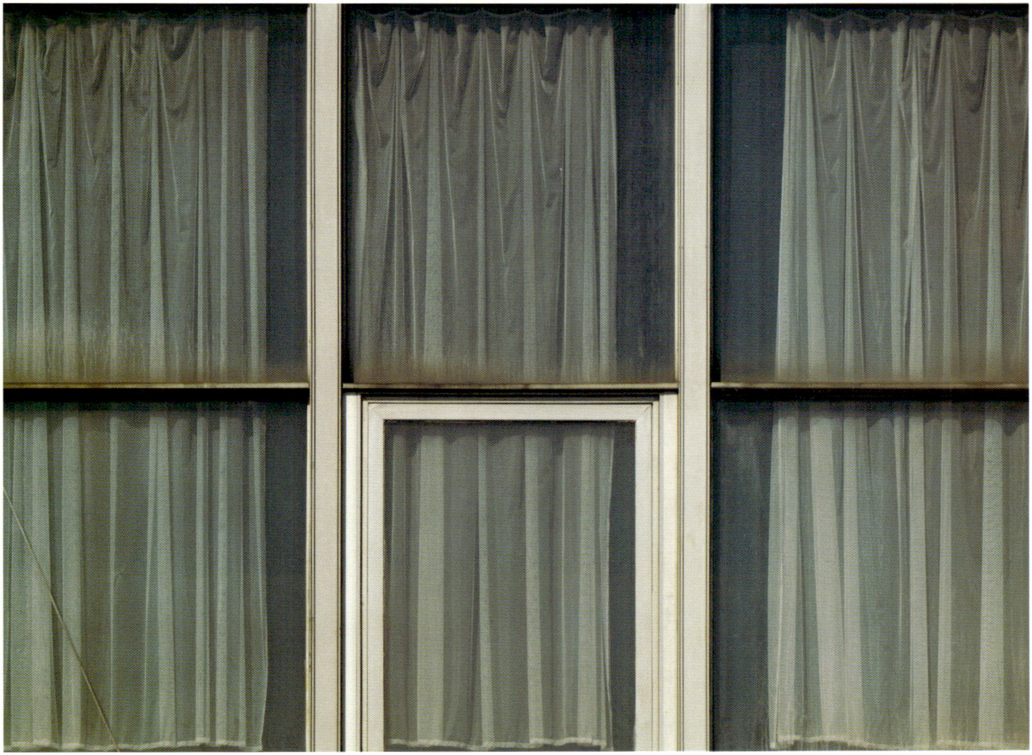

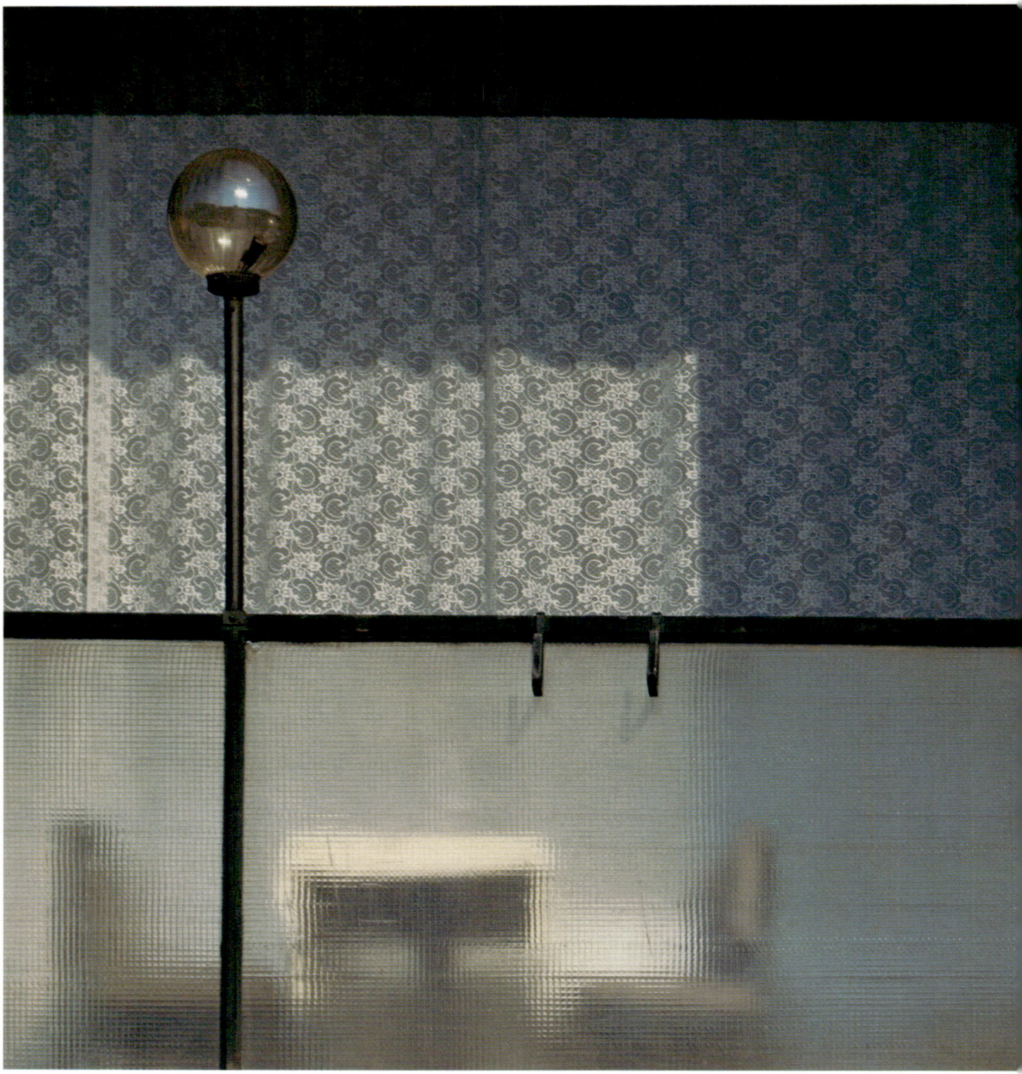

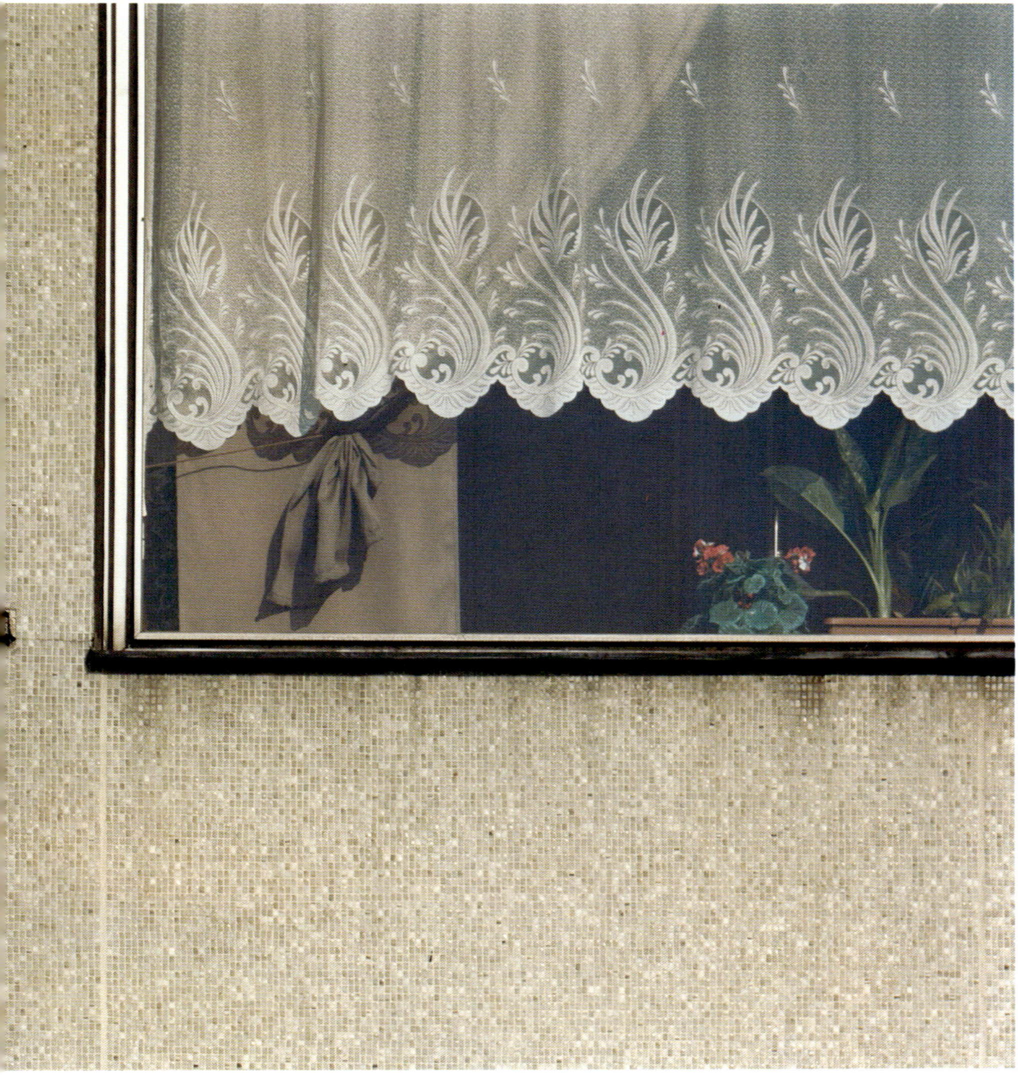

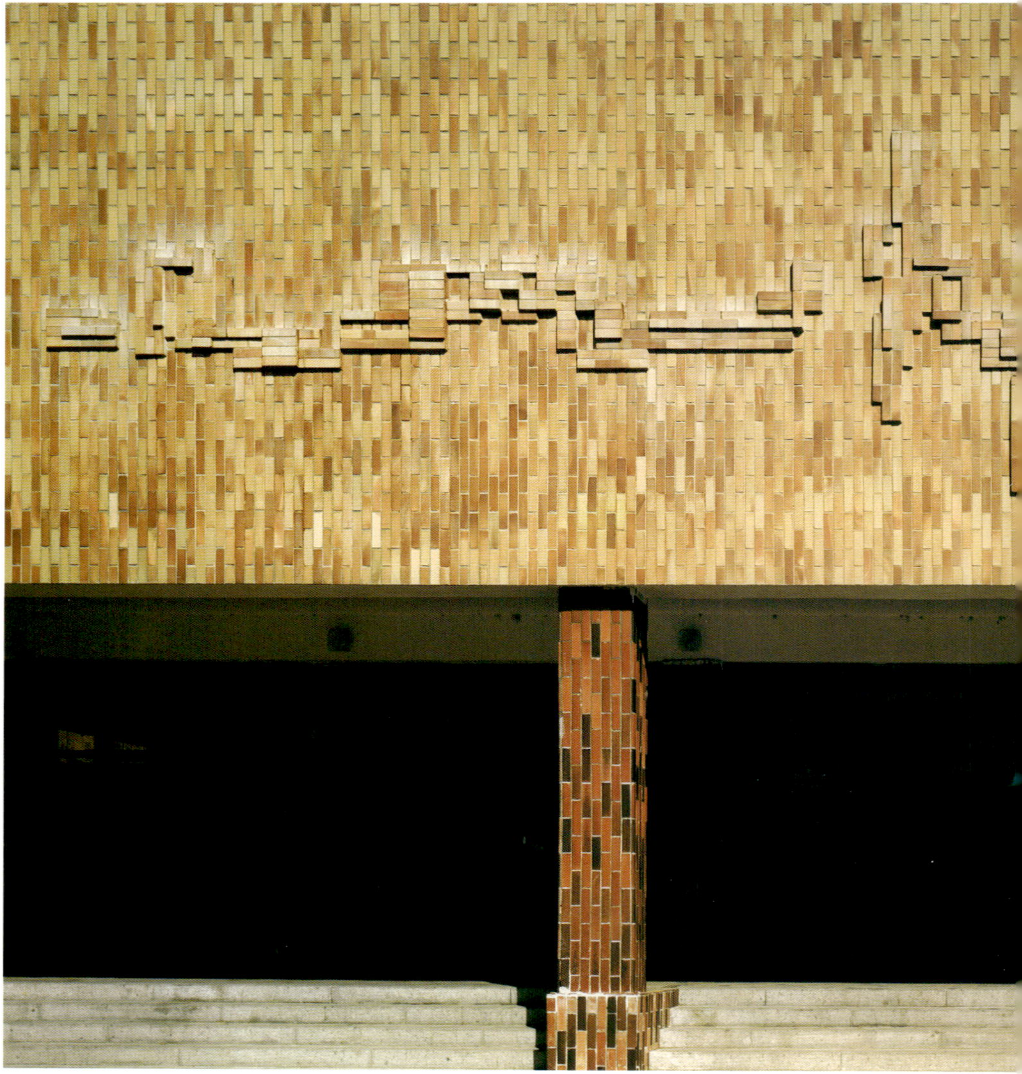

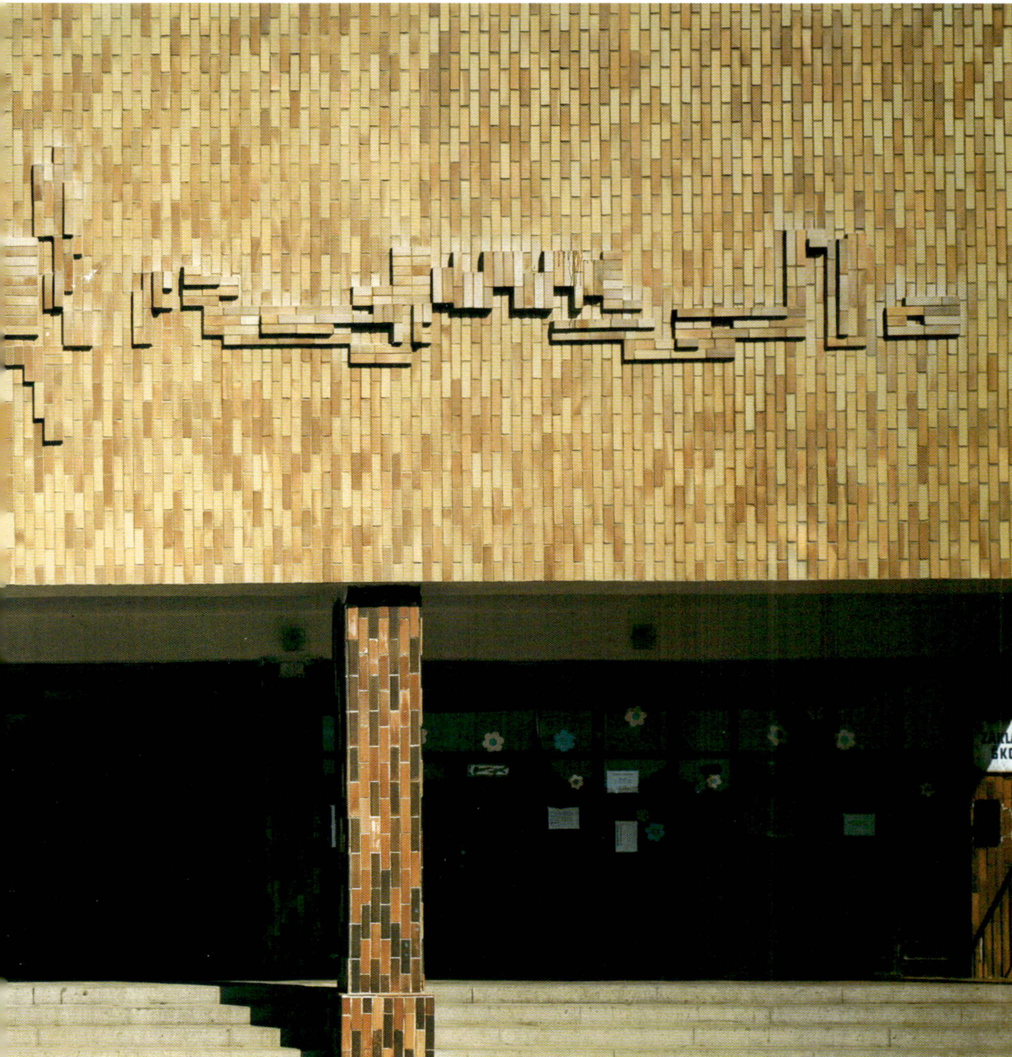

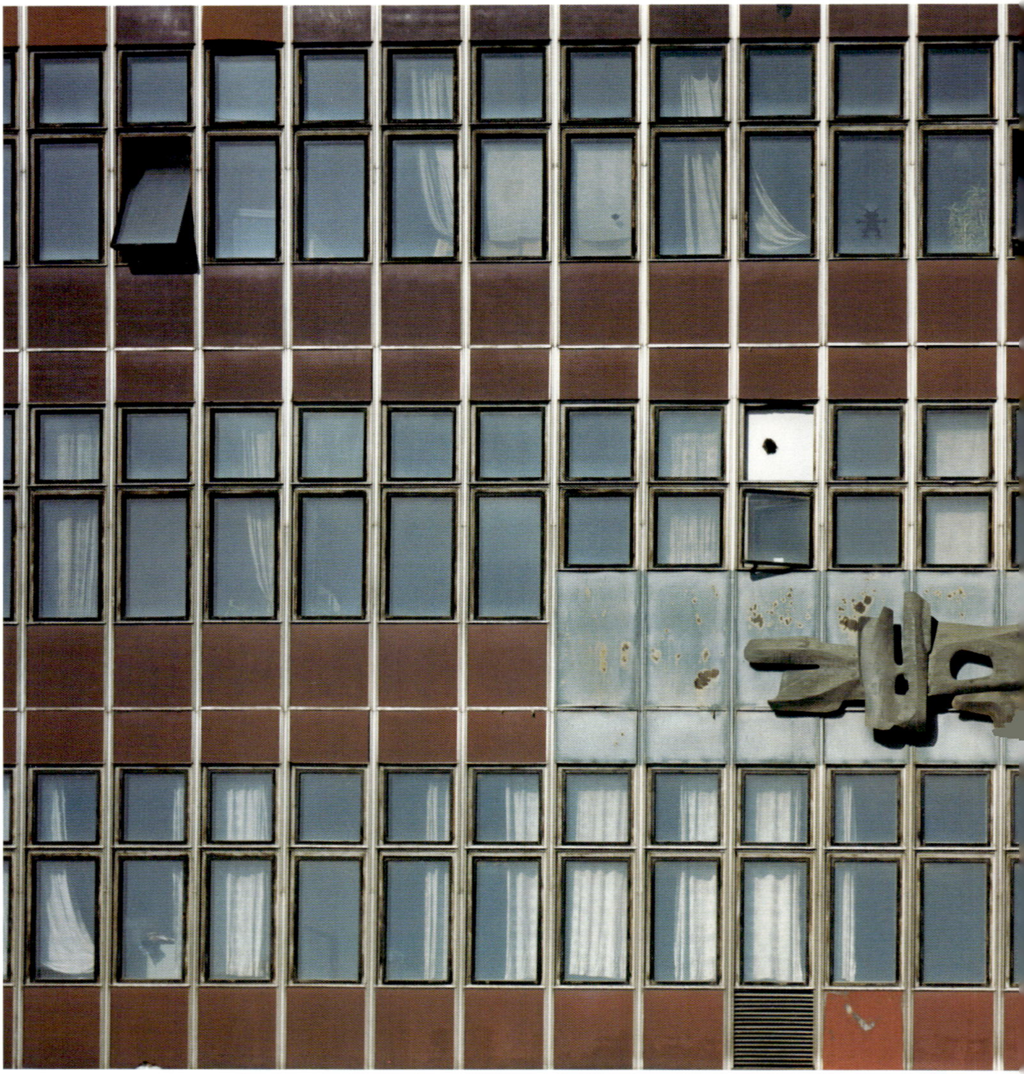

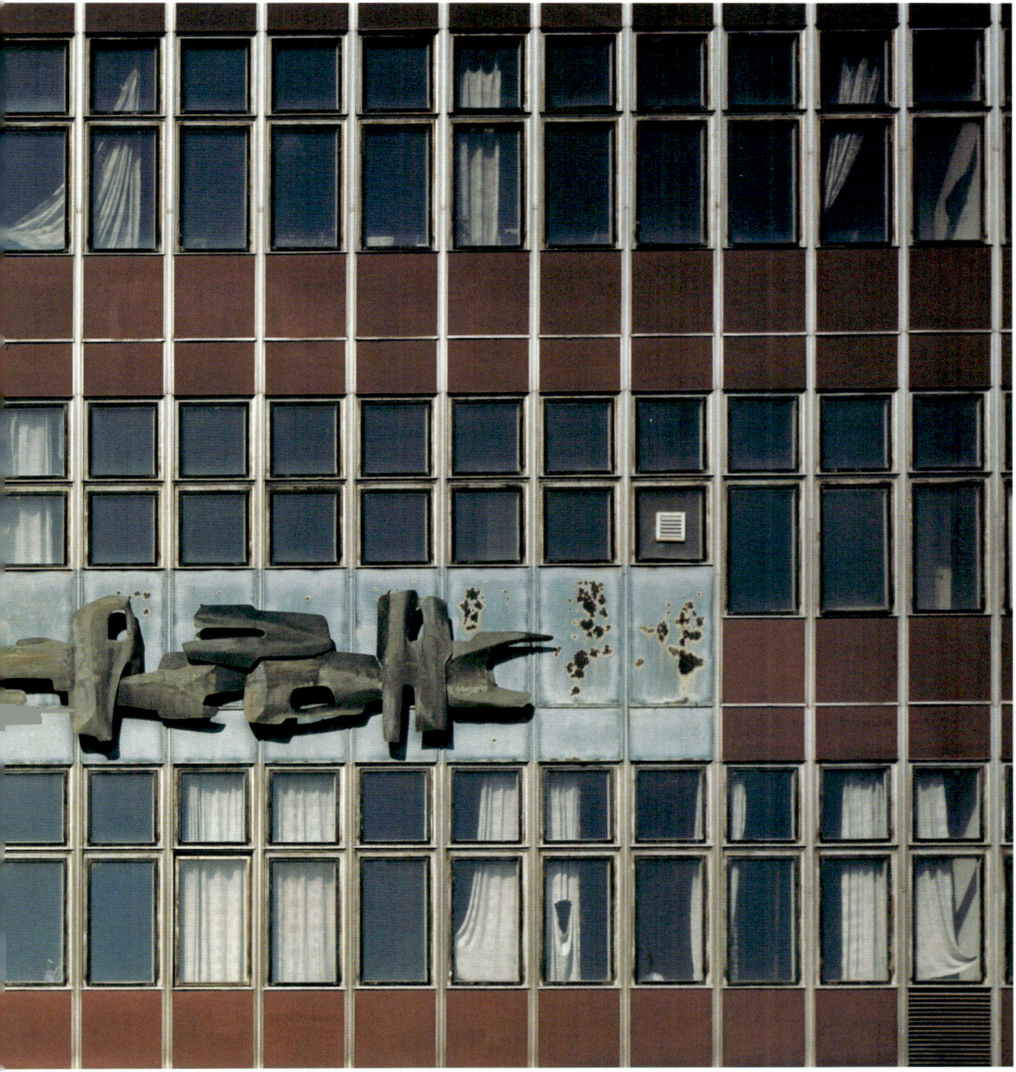

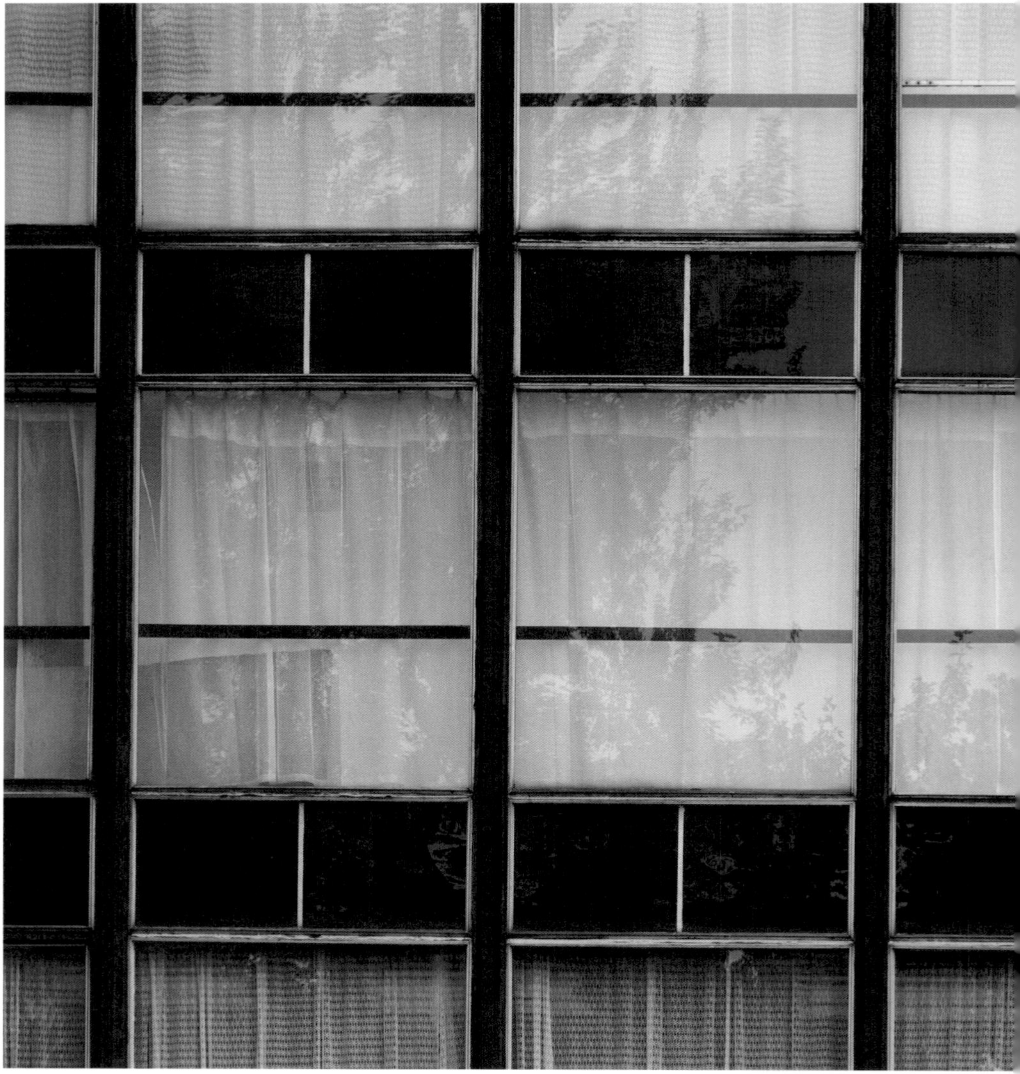

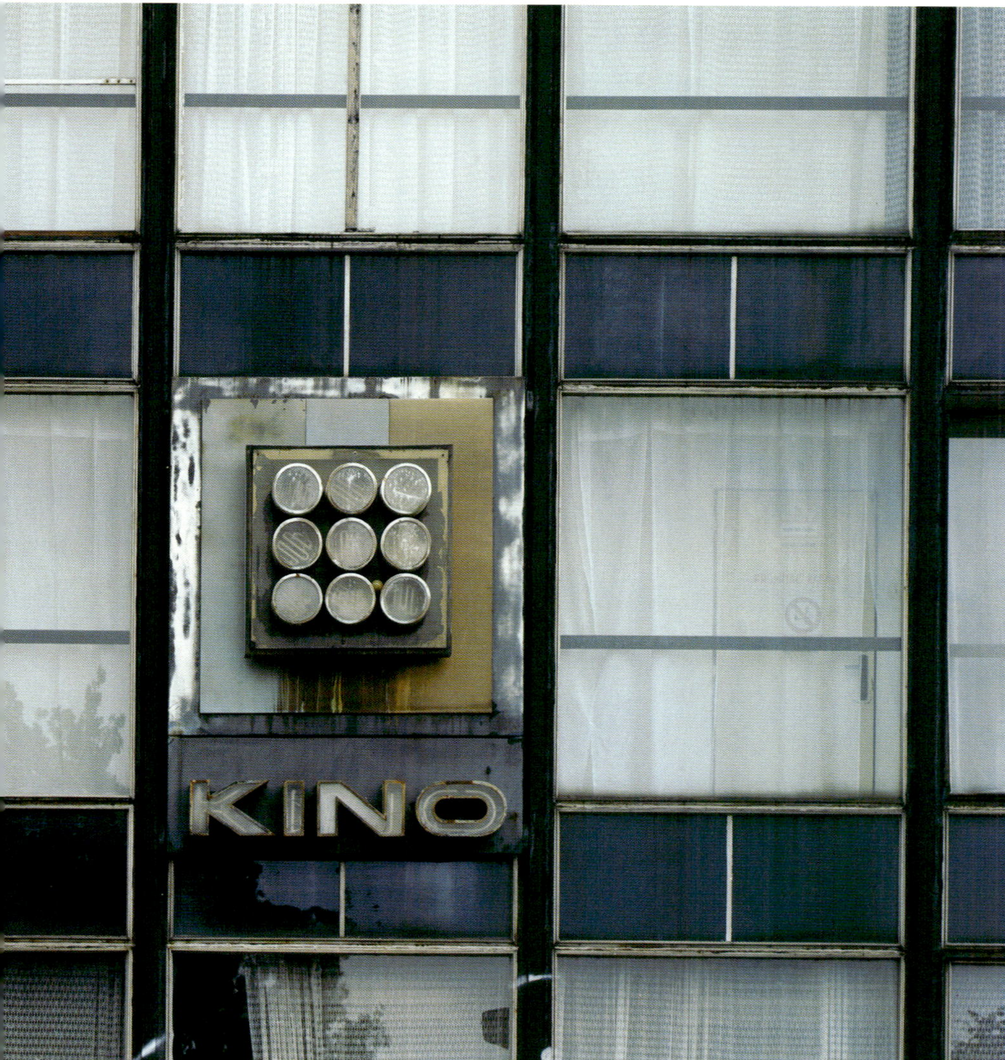
KINO

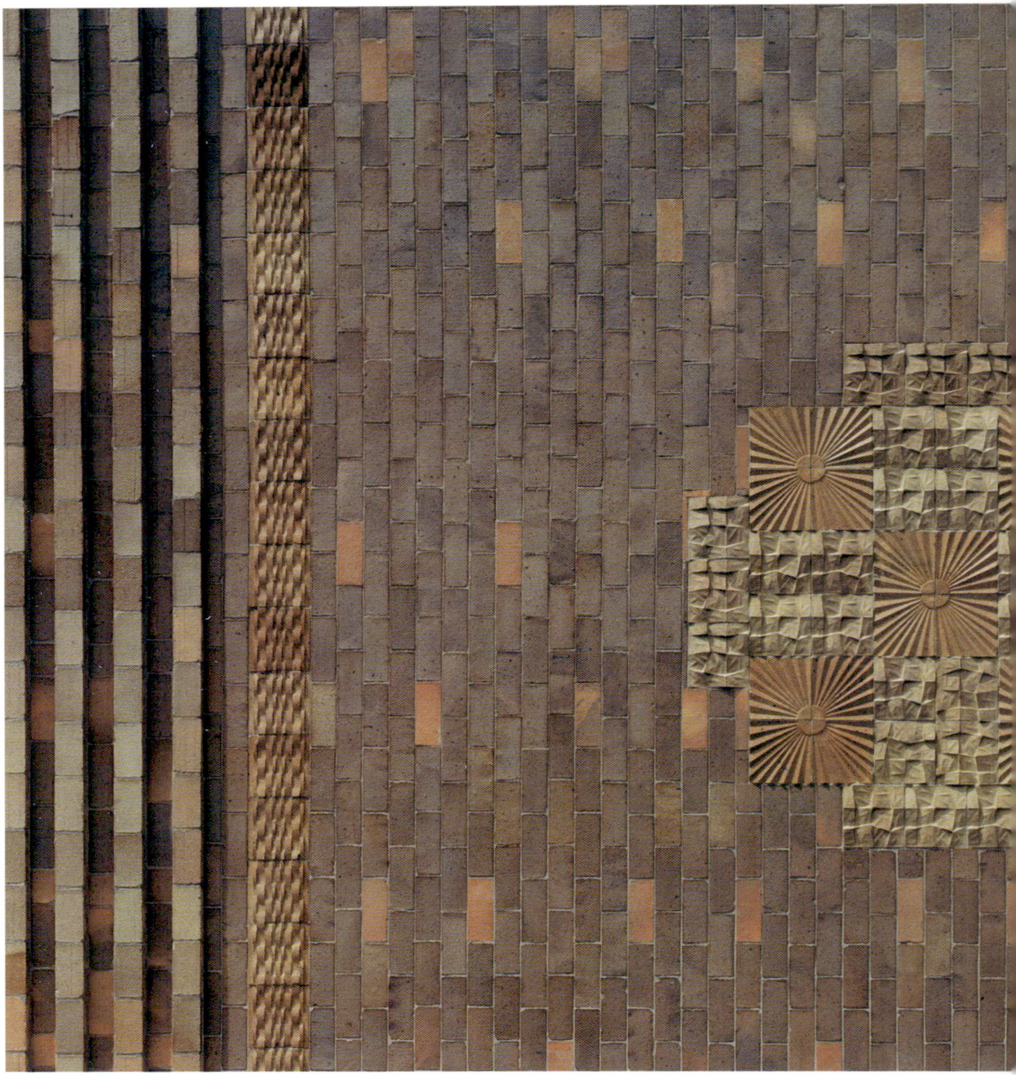

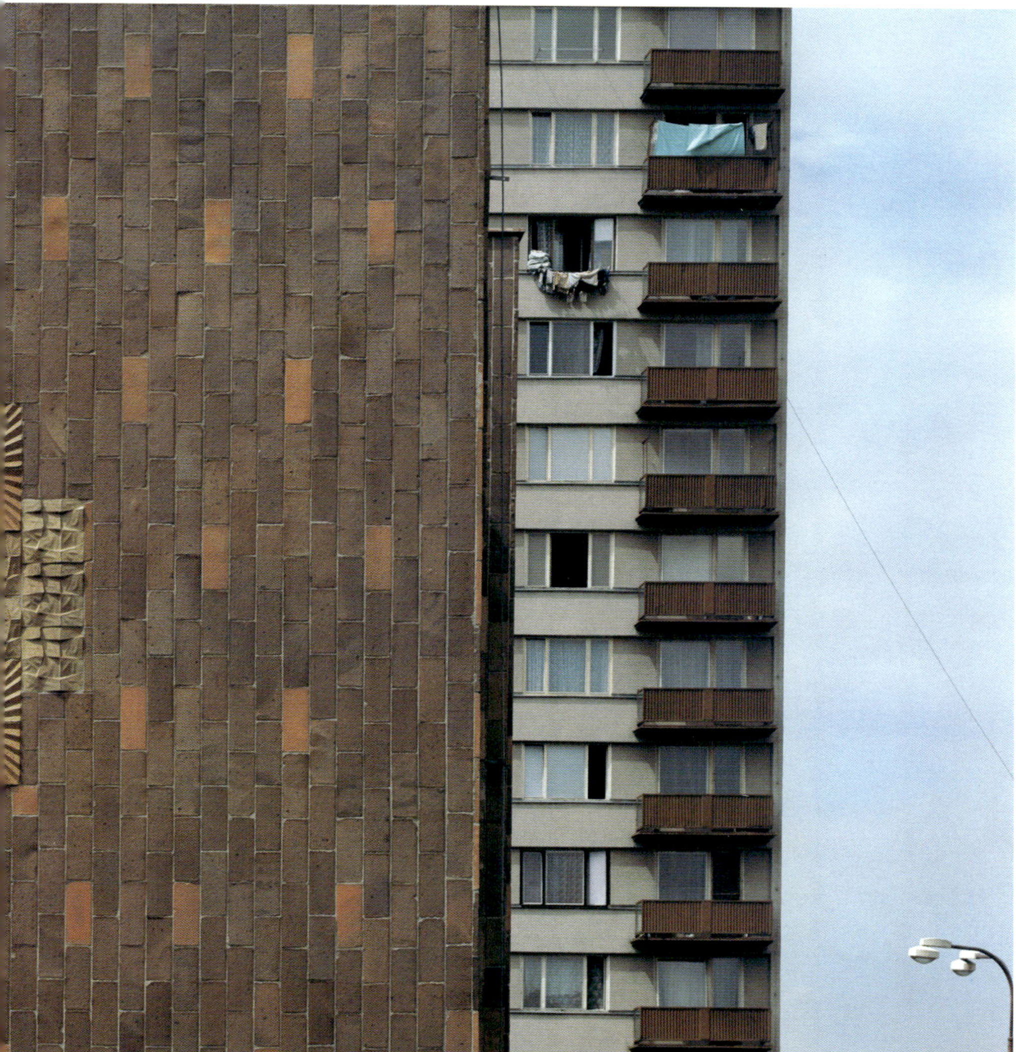

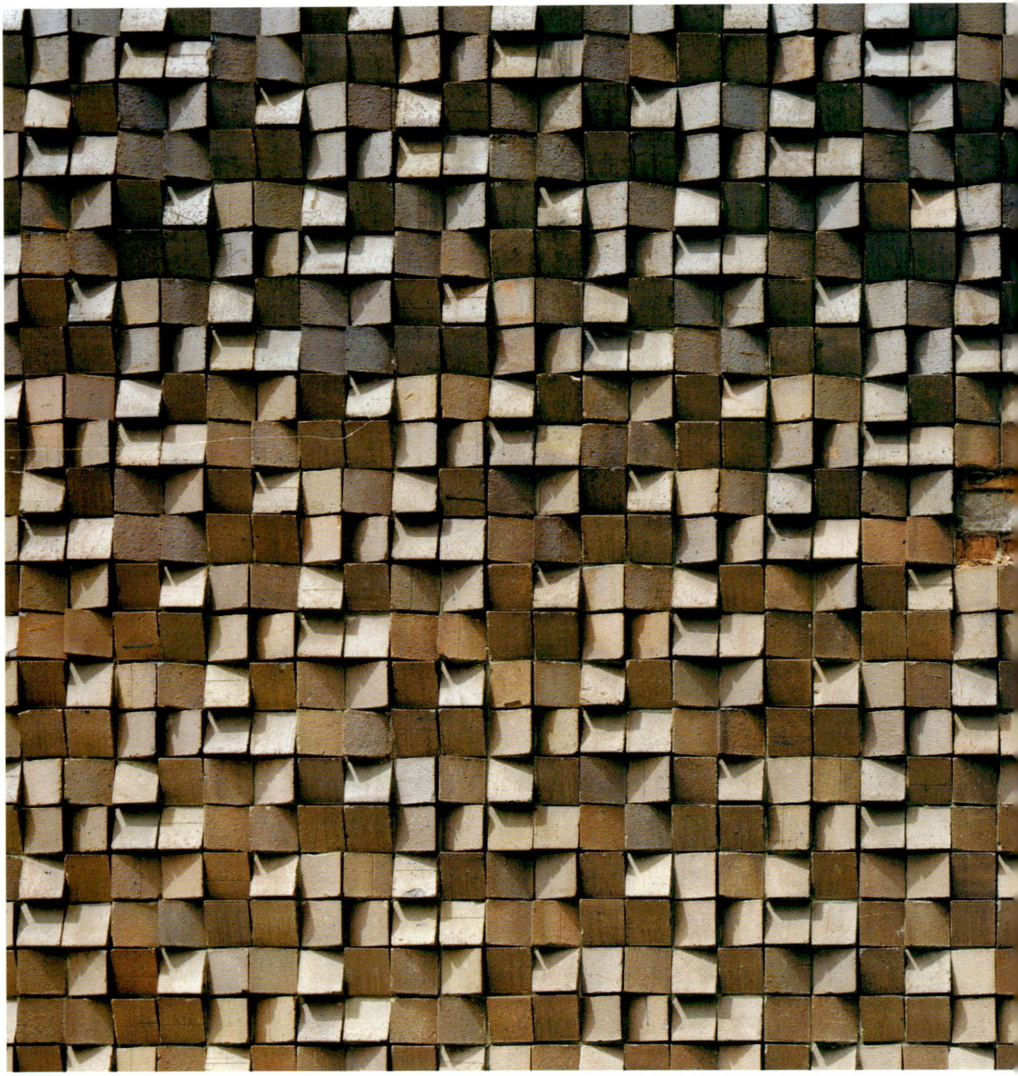

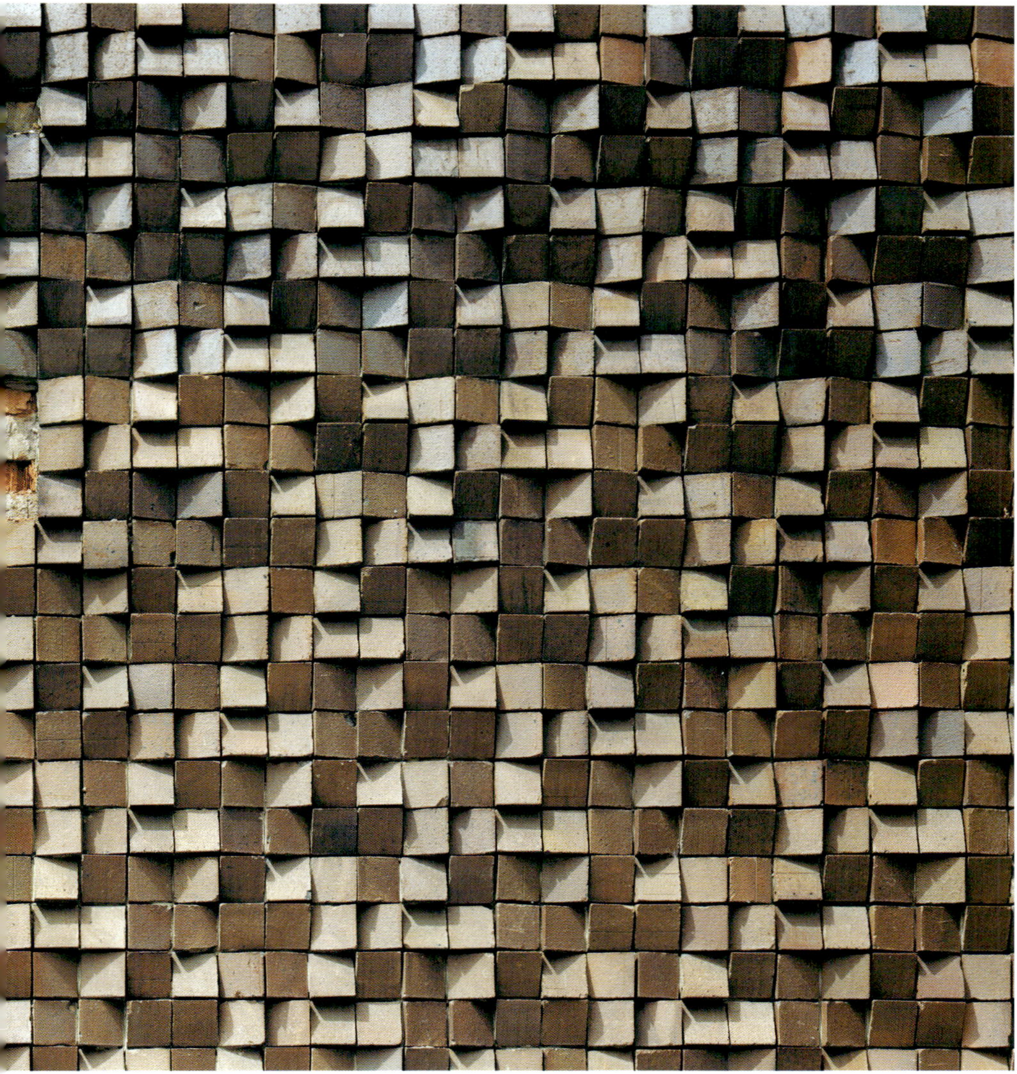

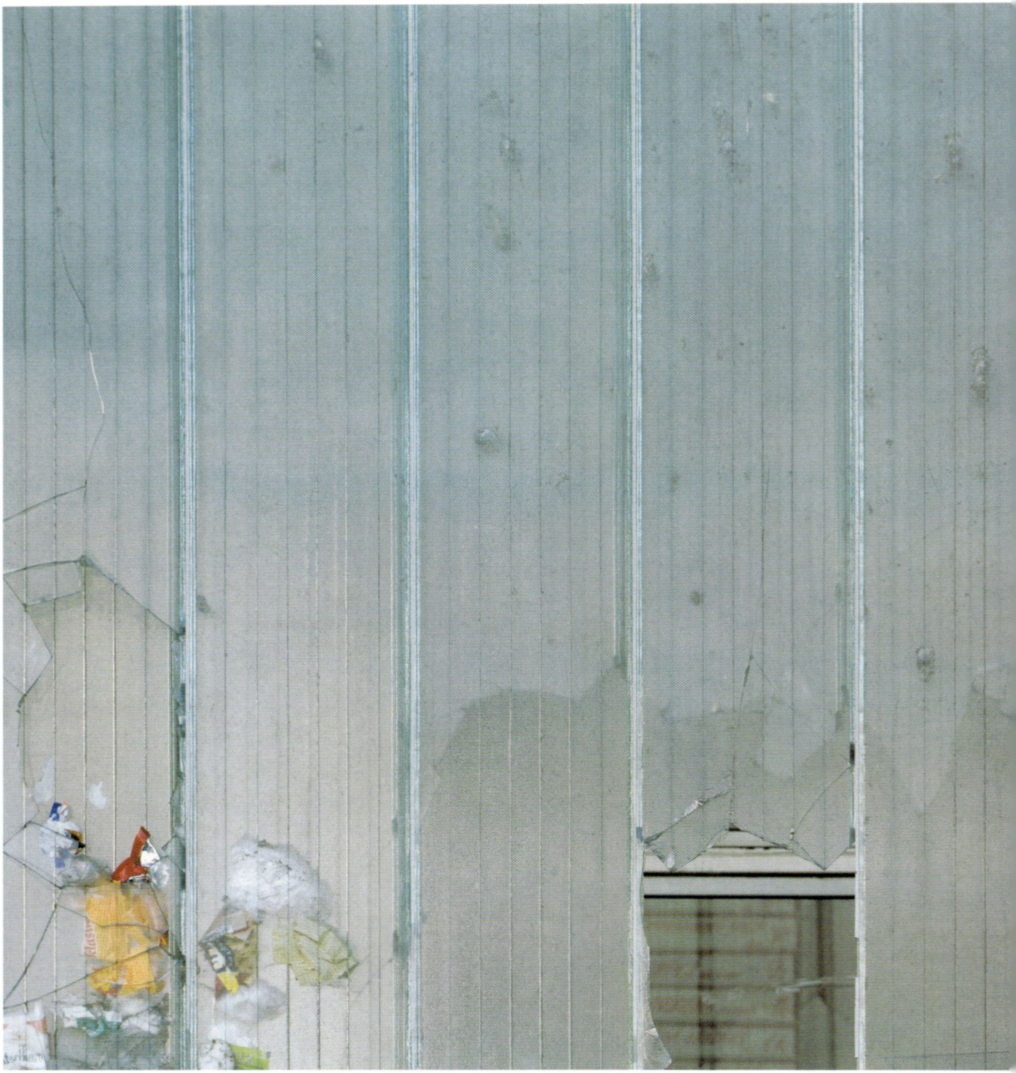

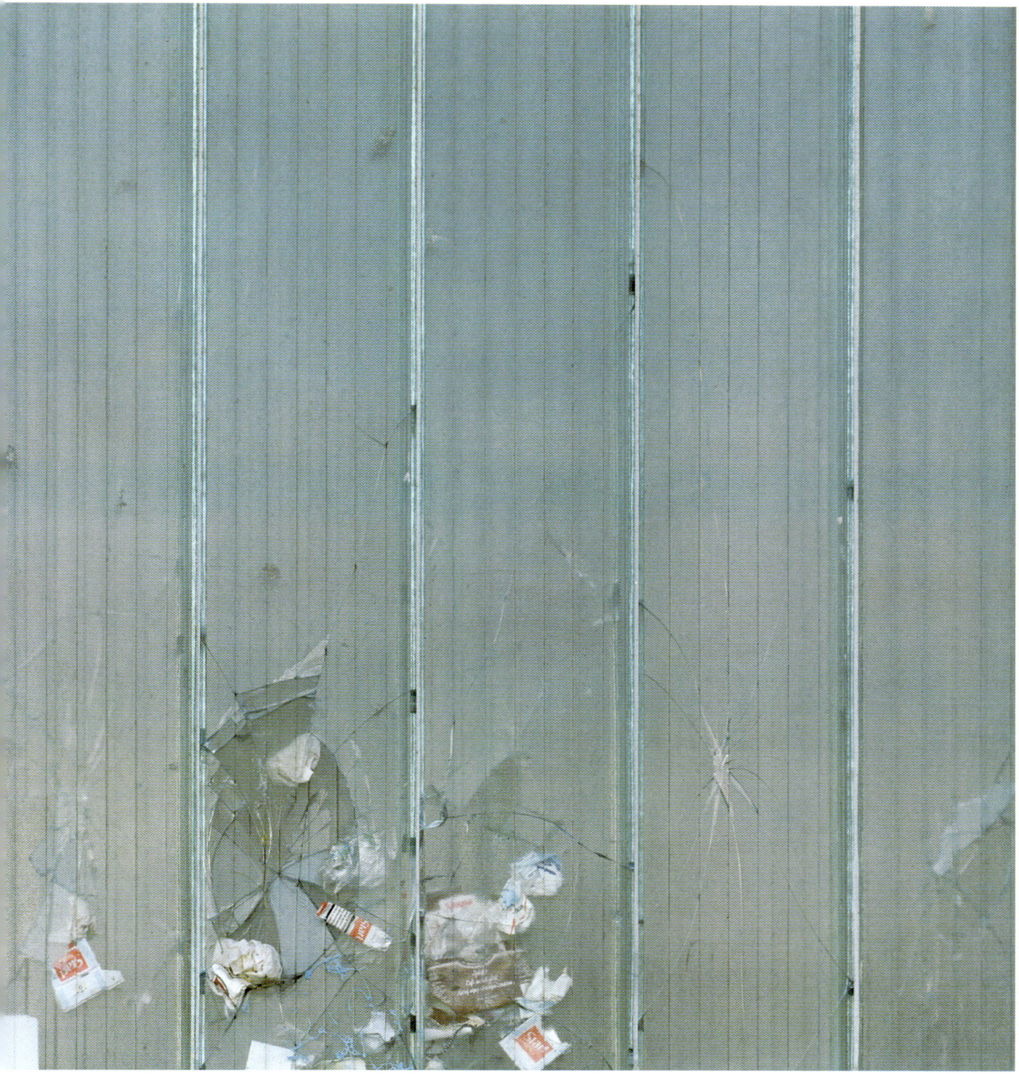

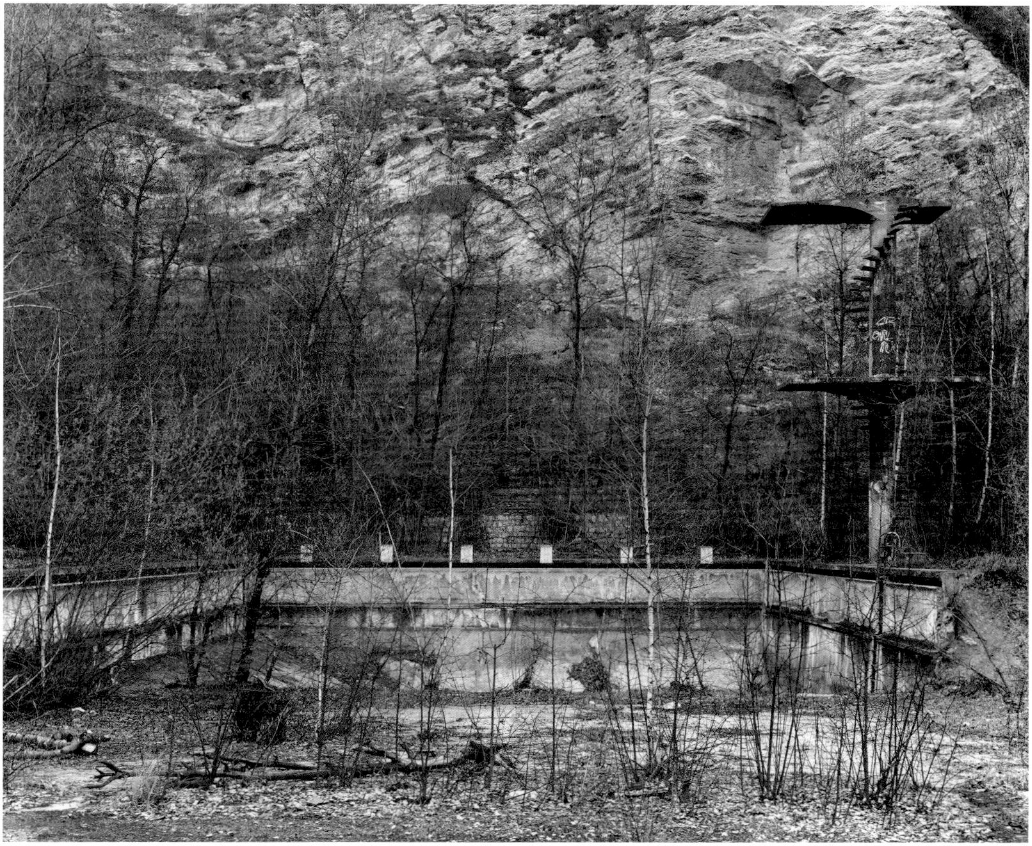

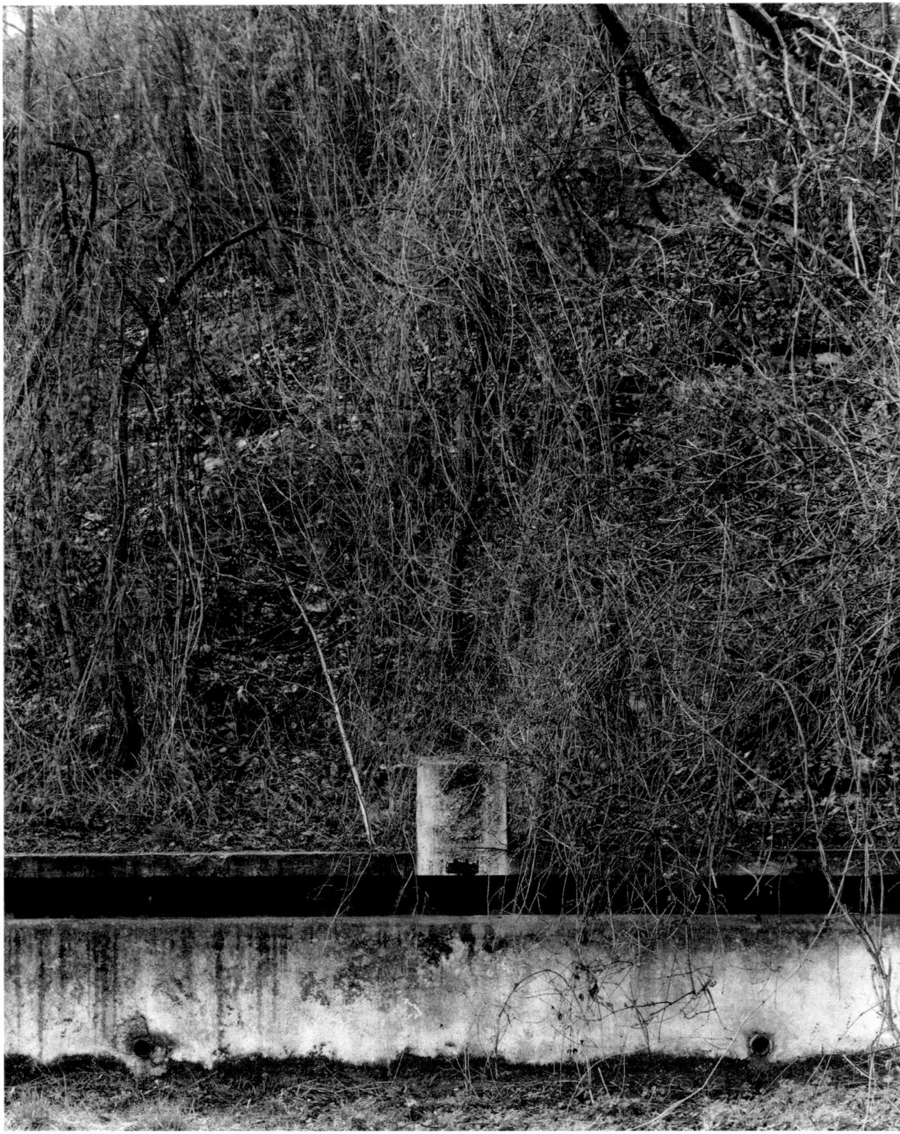

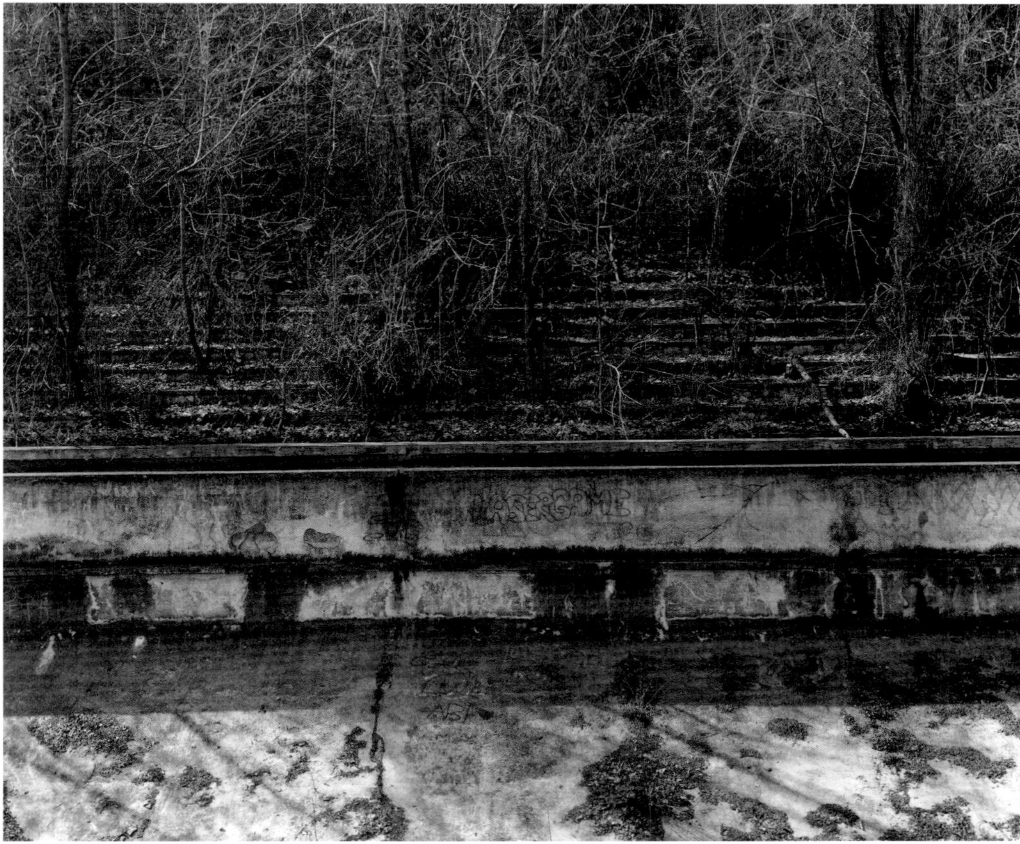

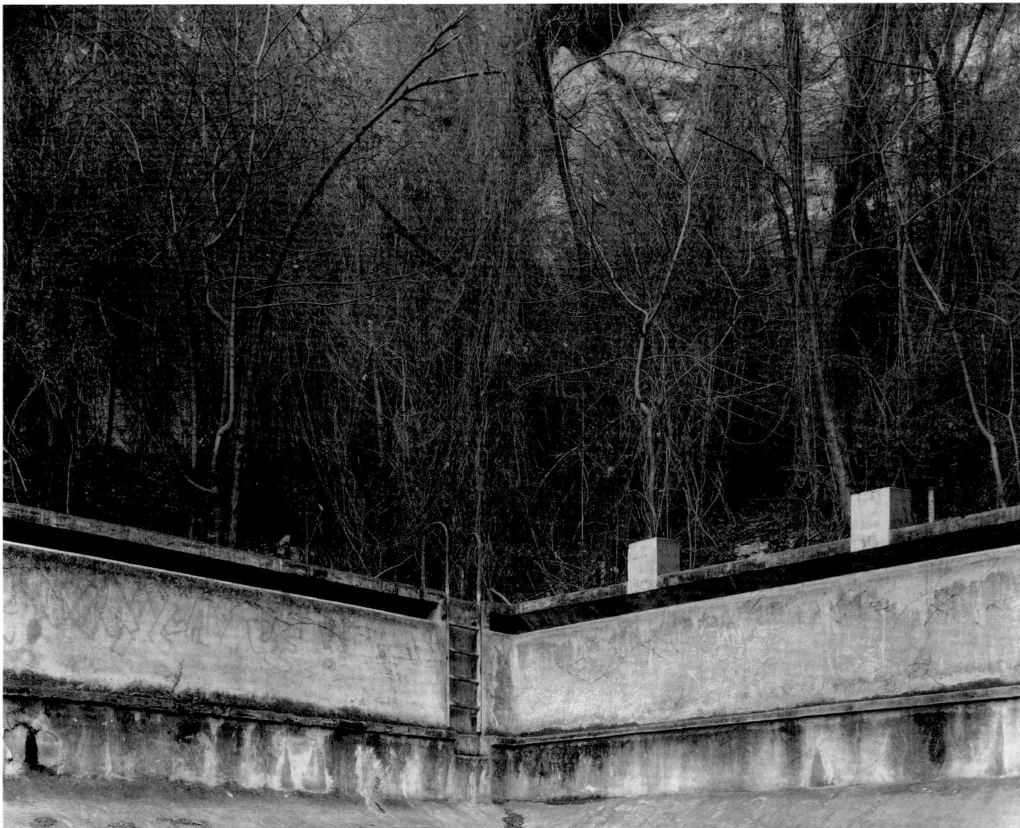

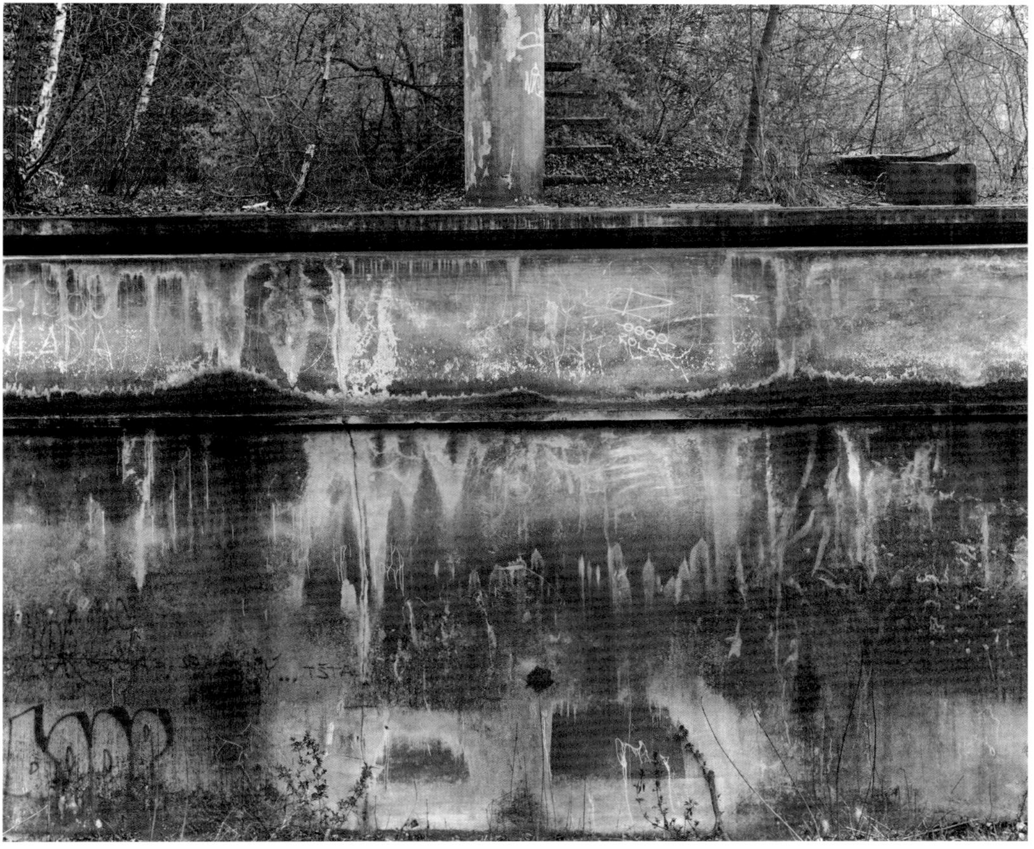

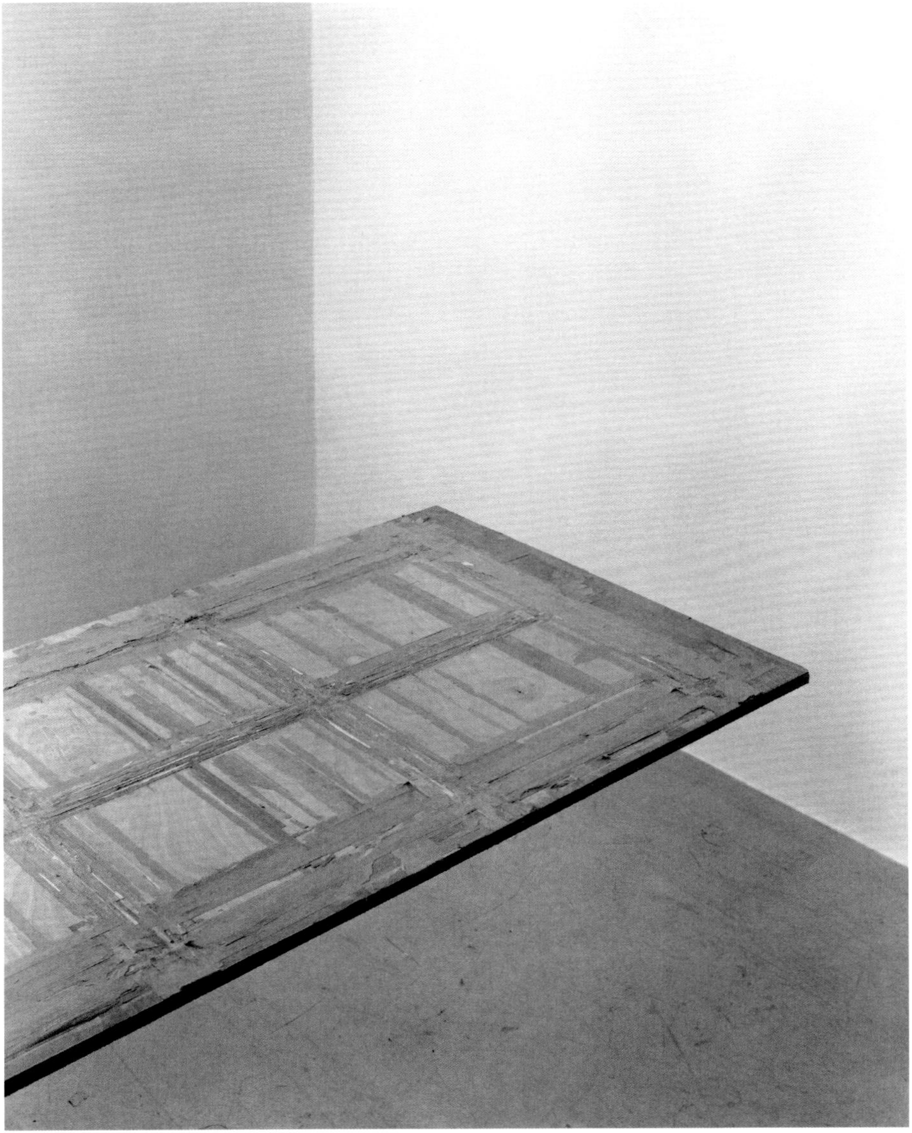

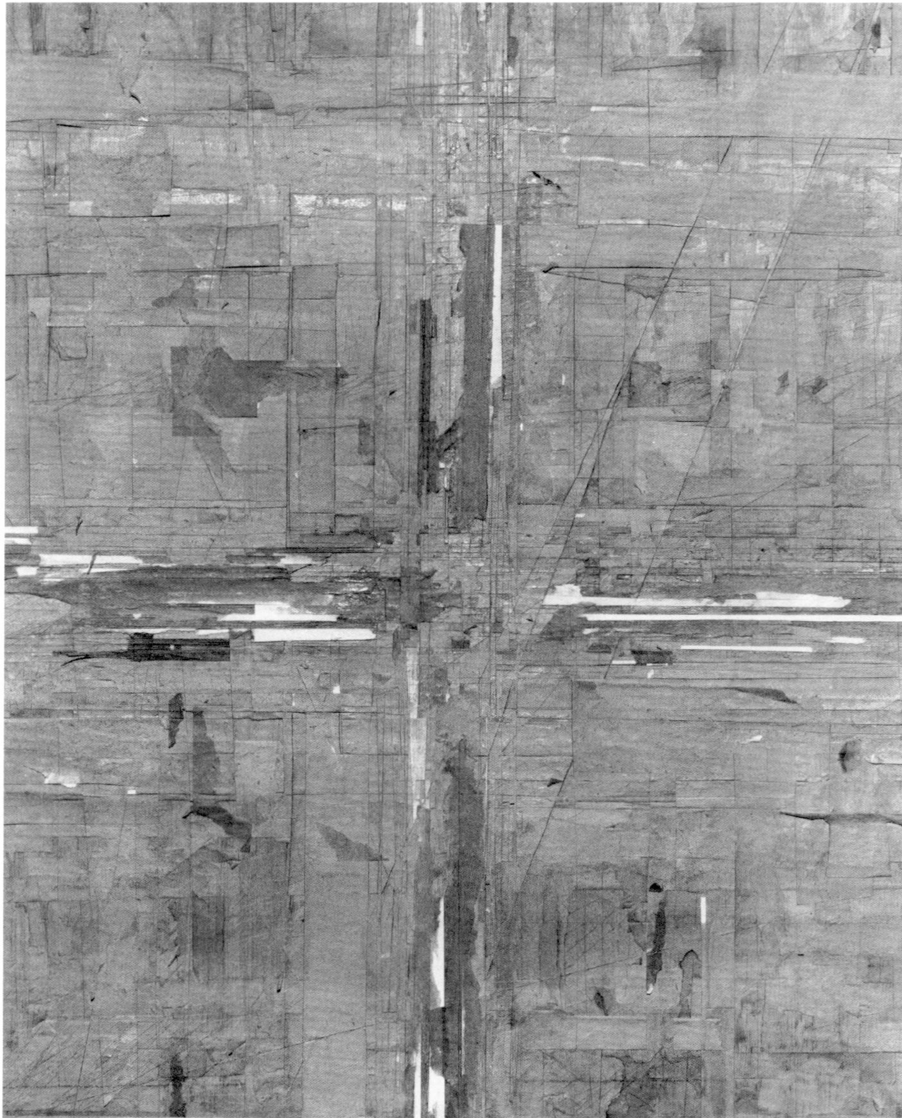

57

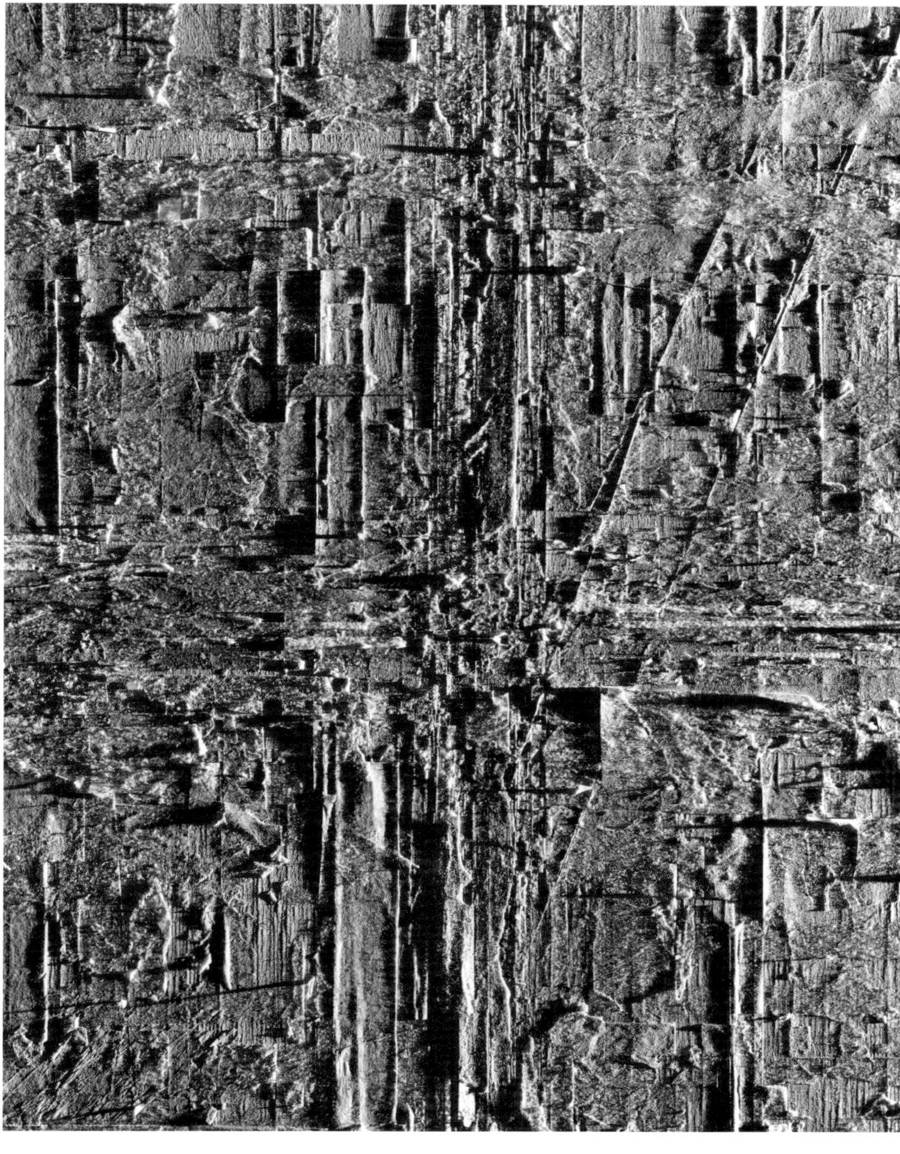

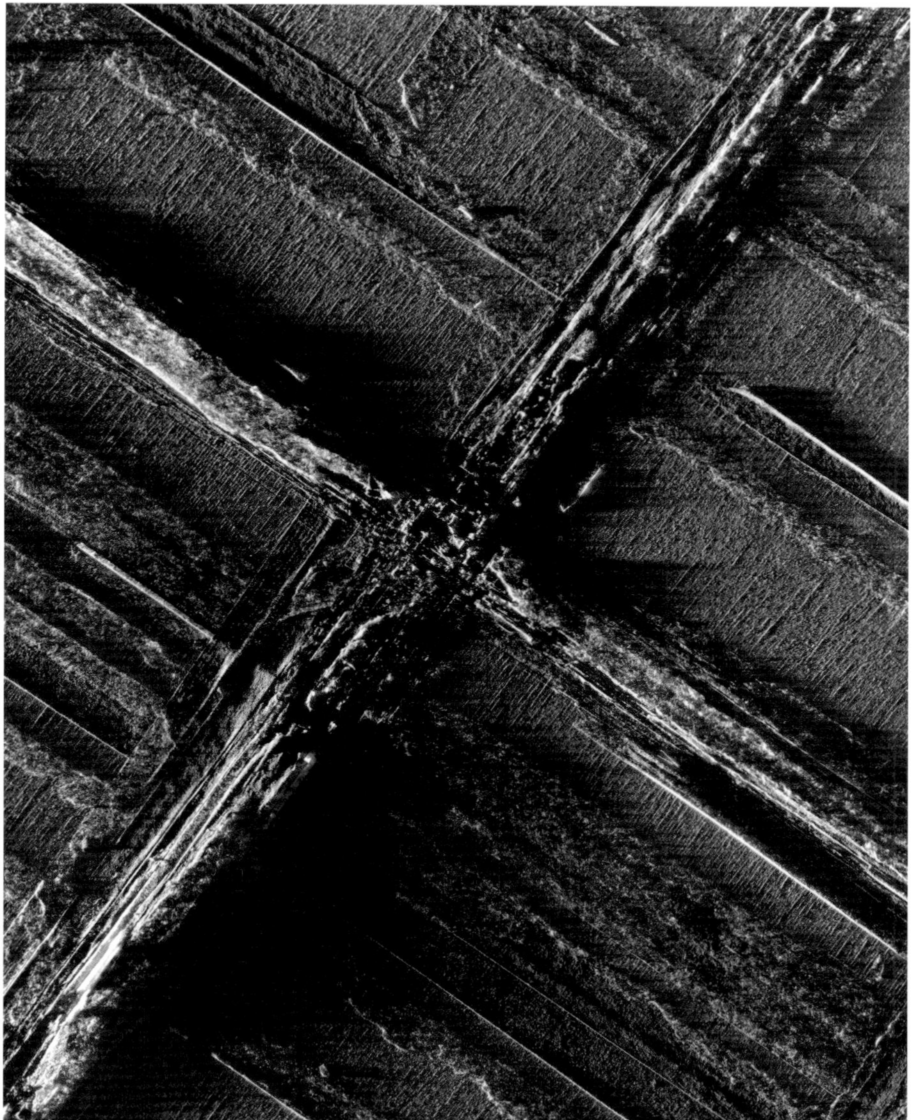

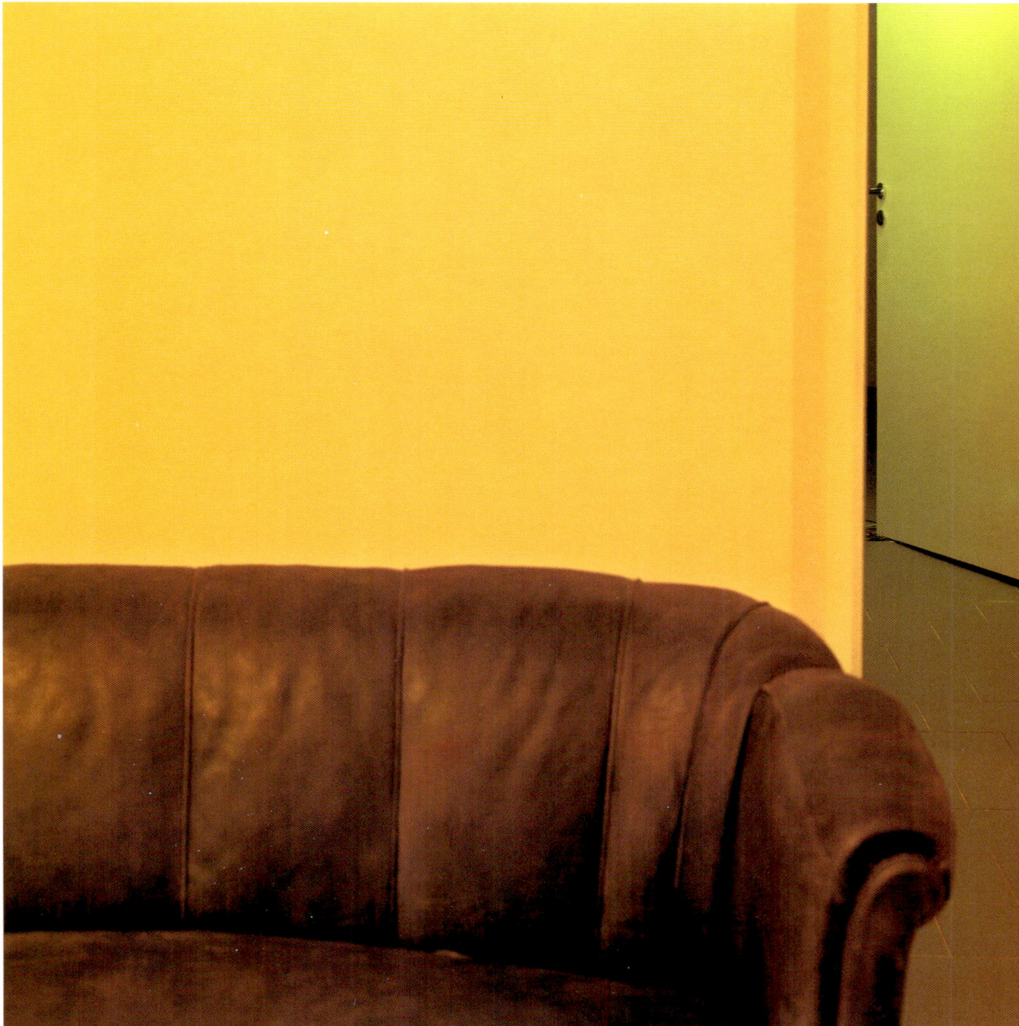

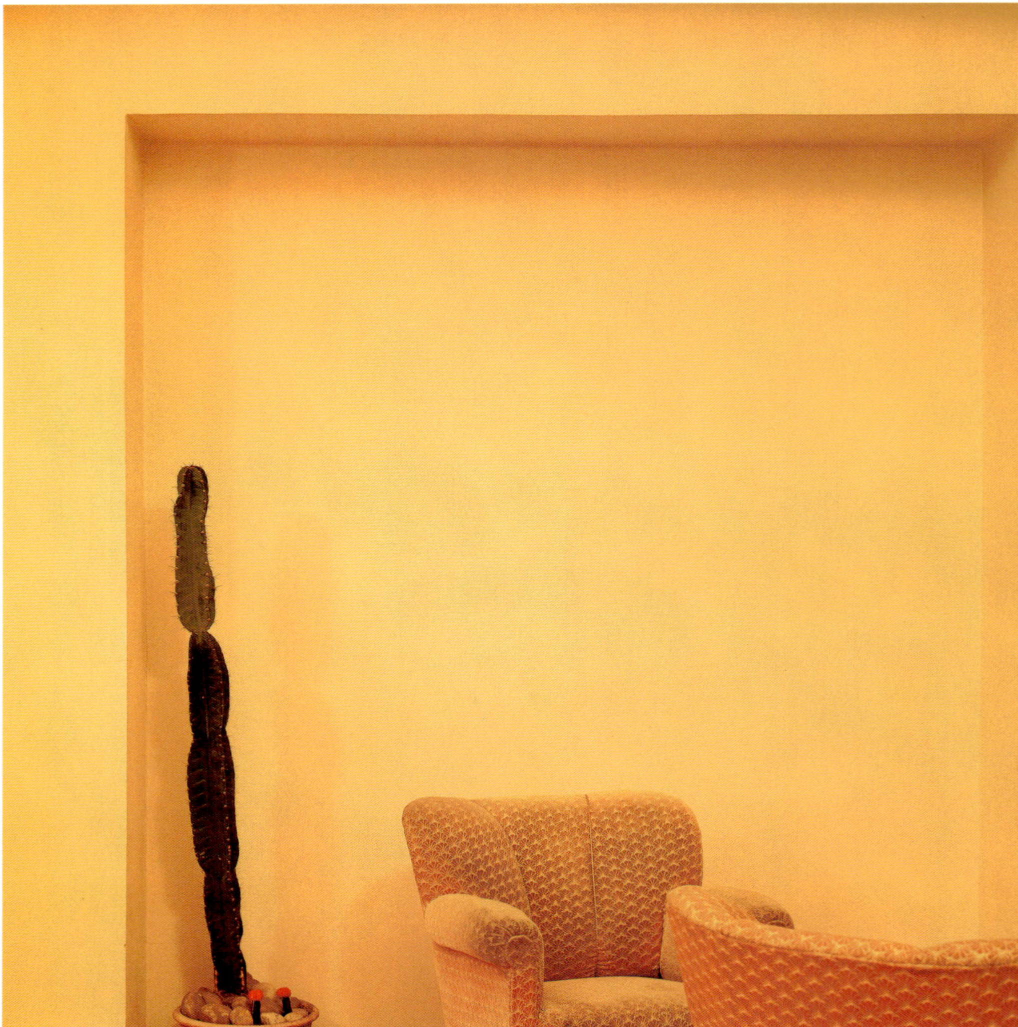

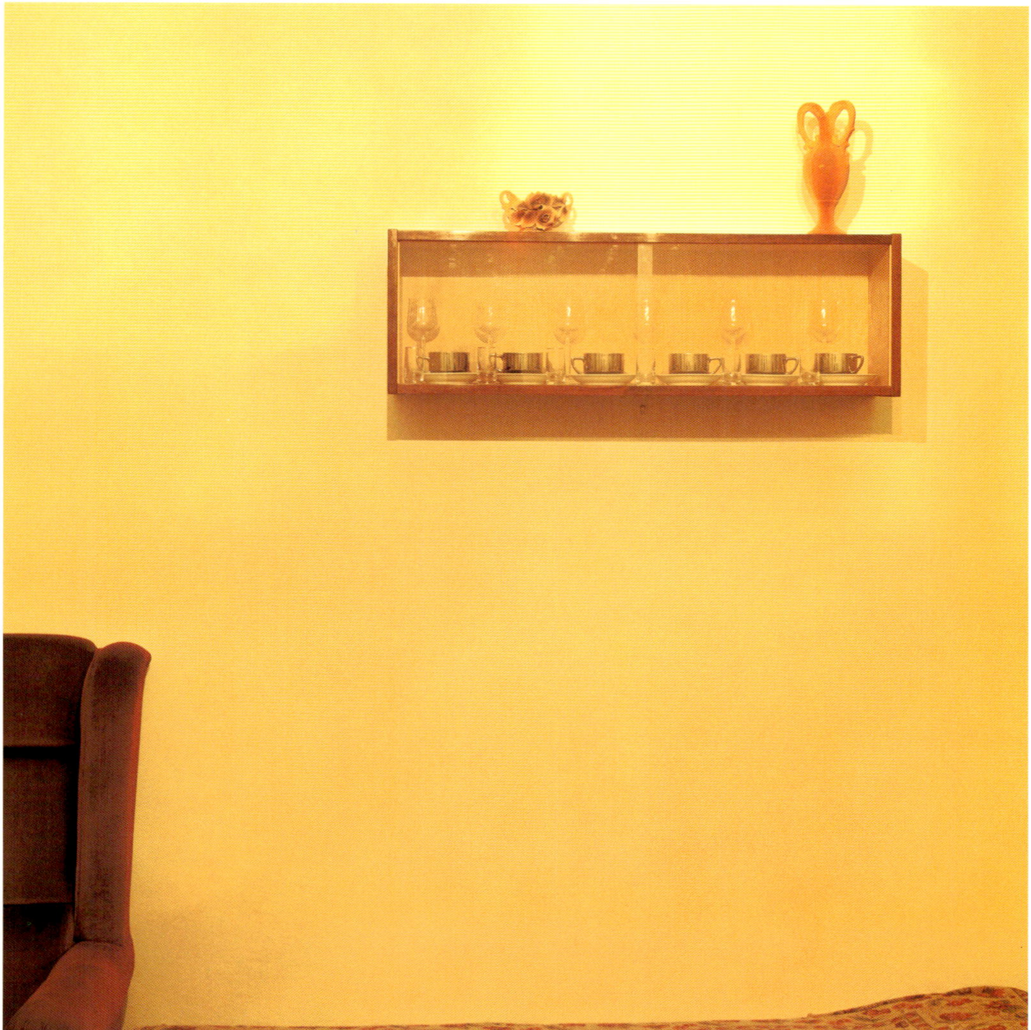

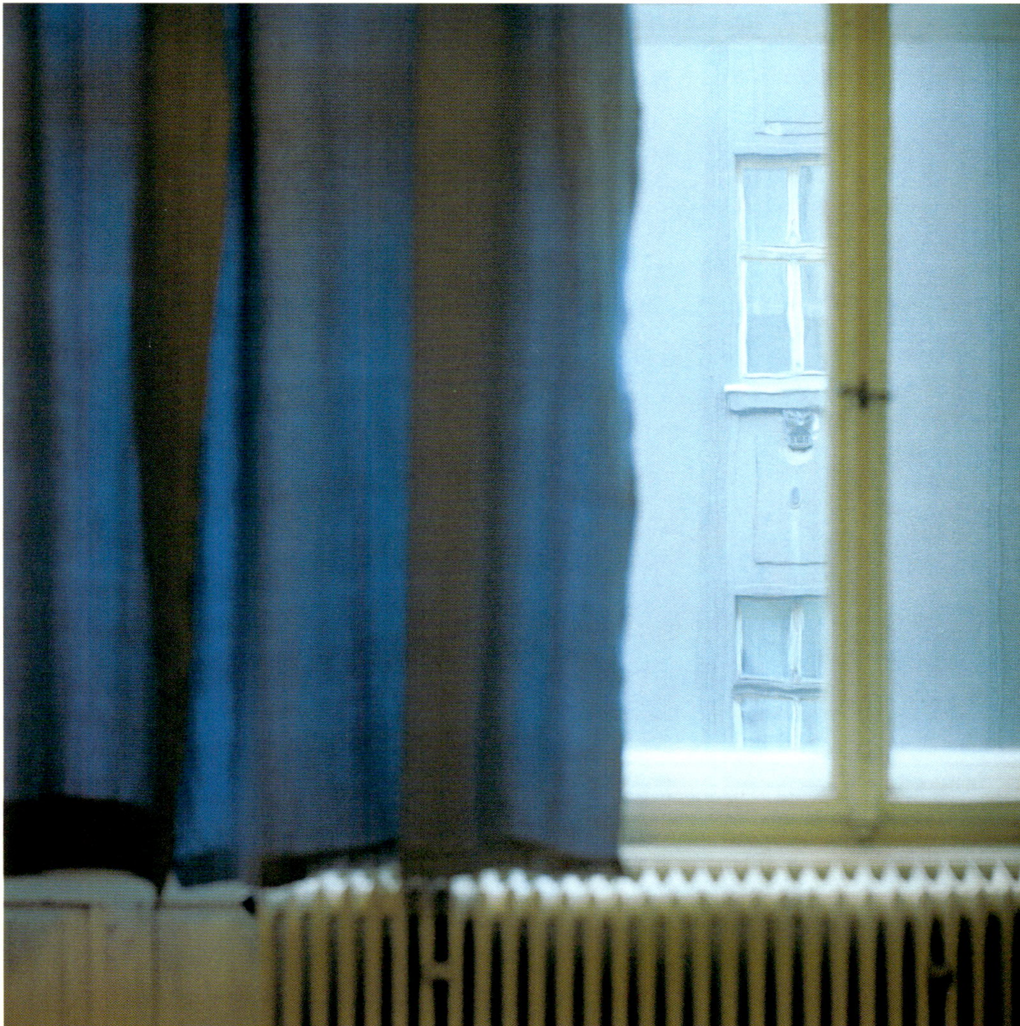

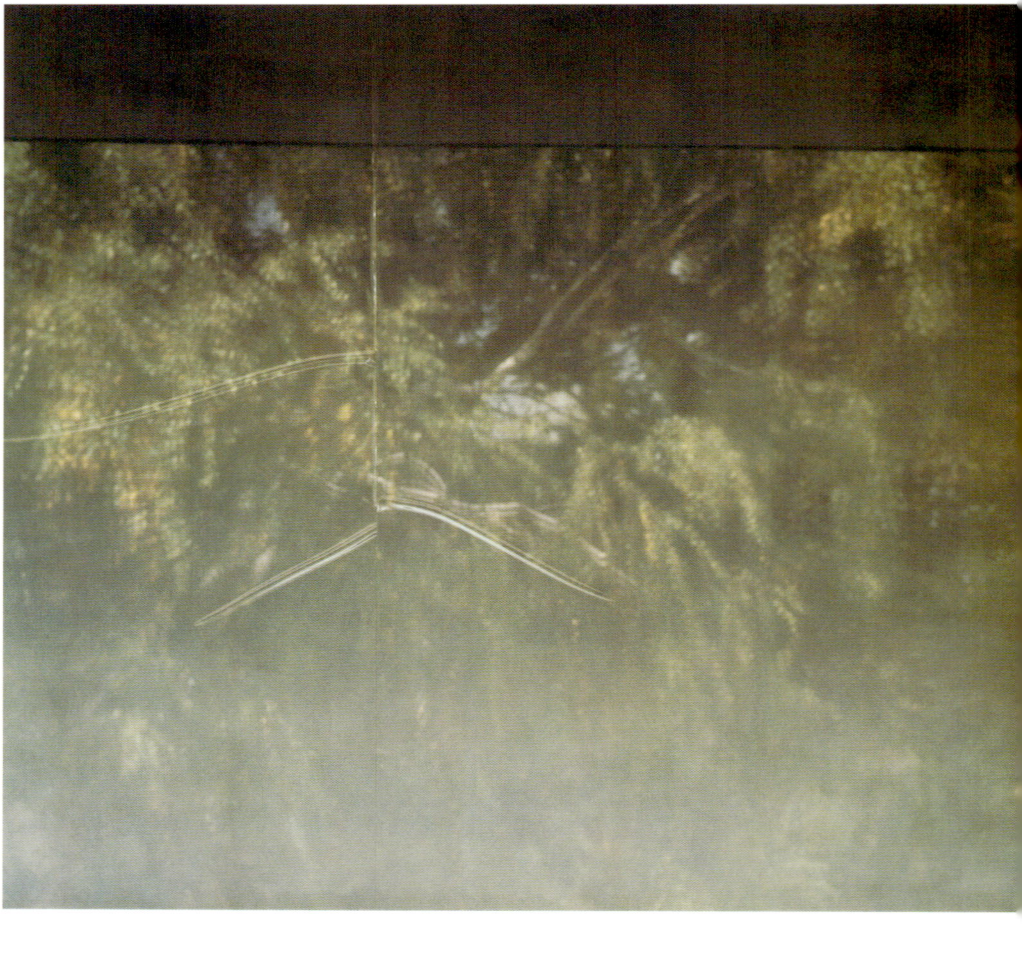

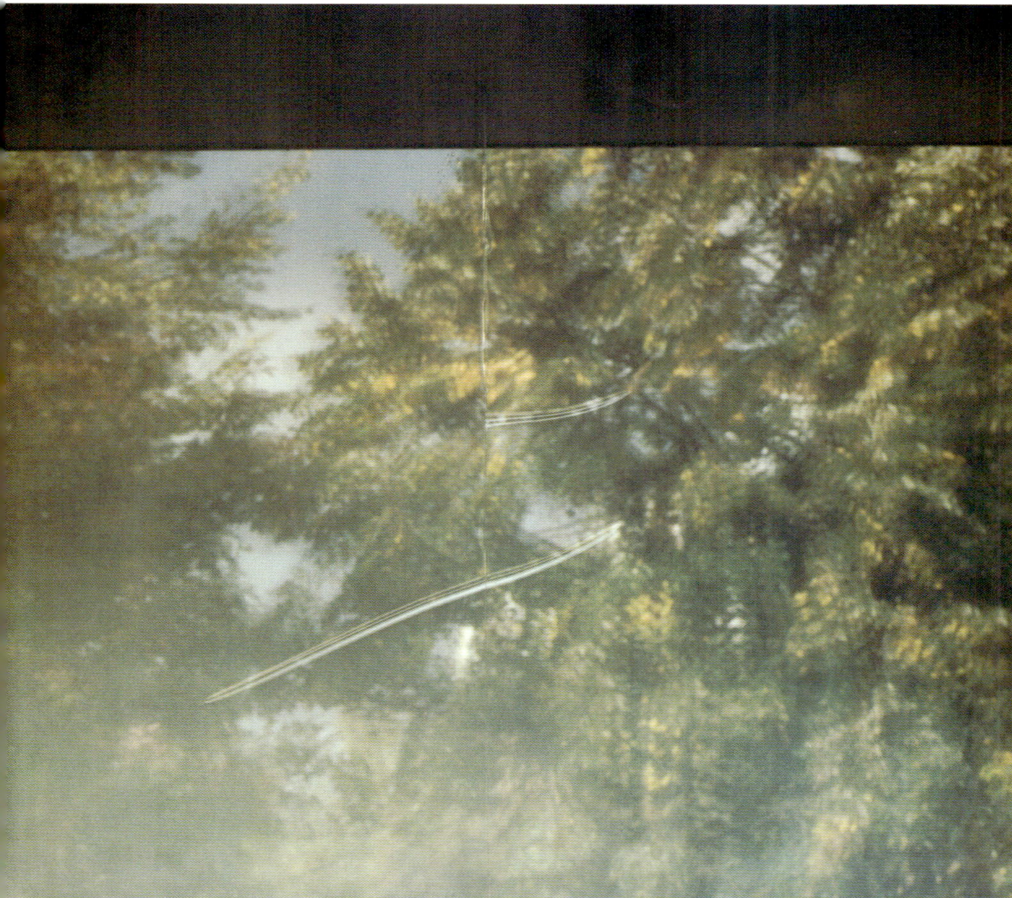

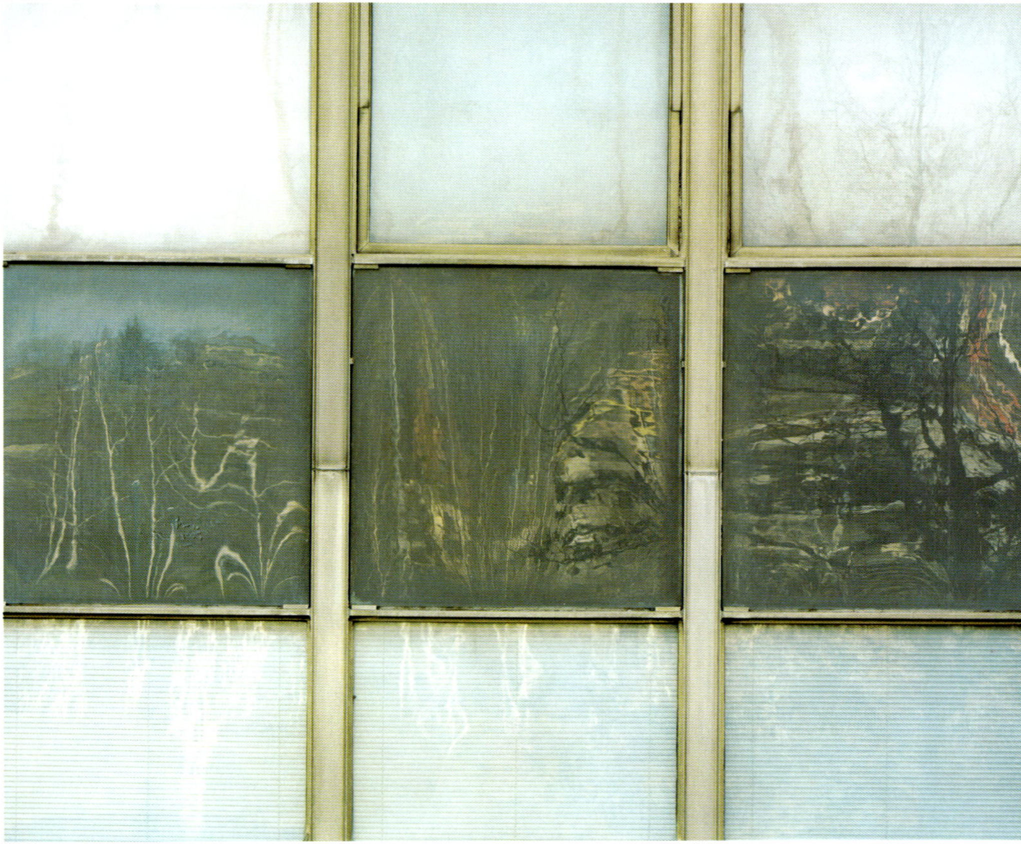

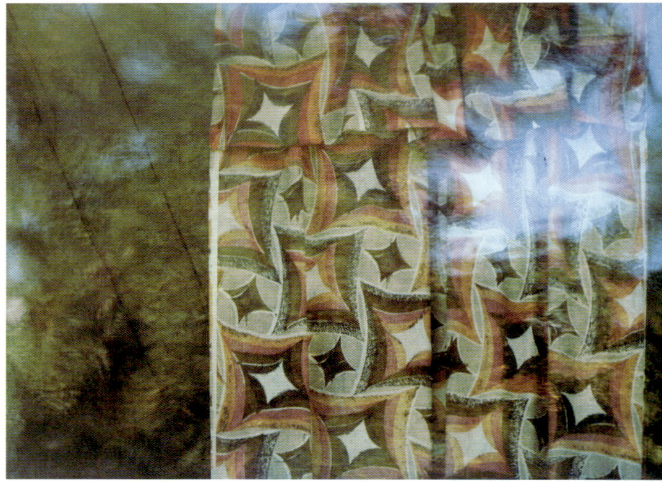

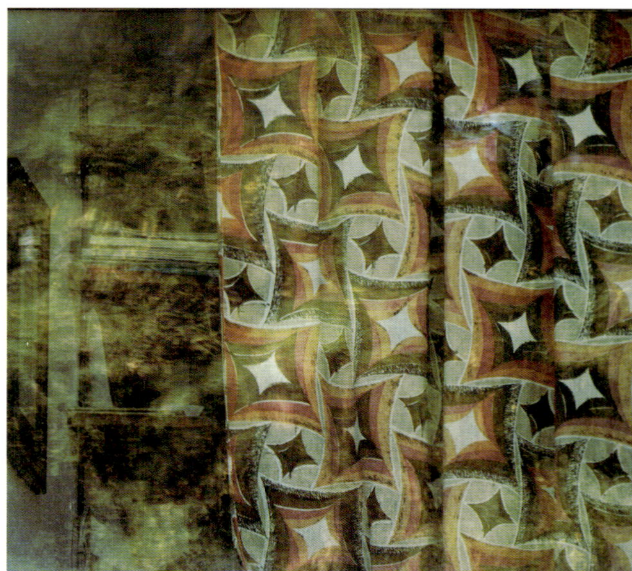

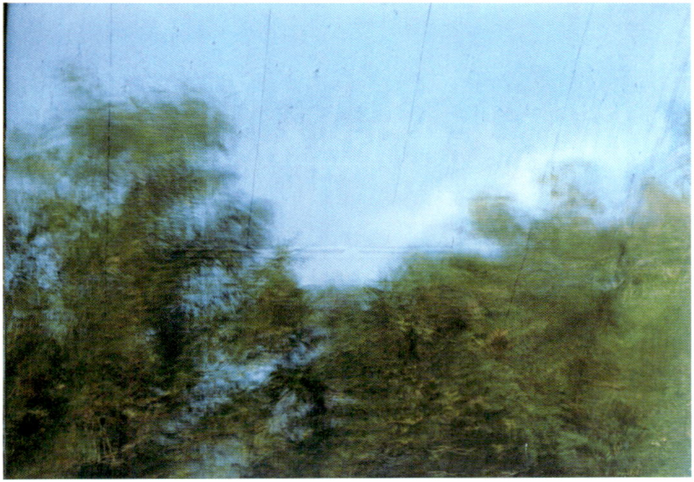

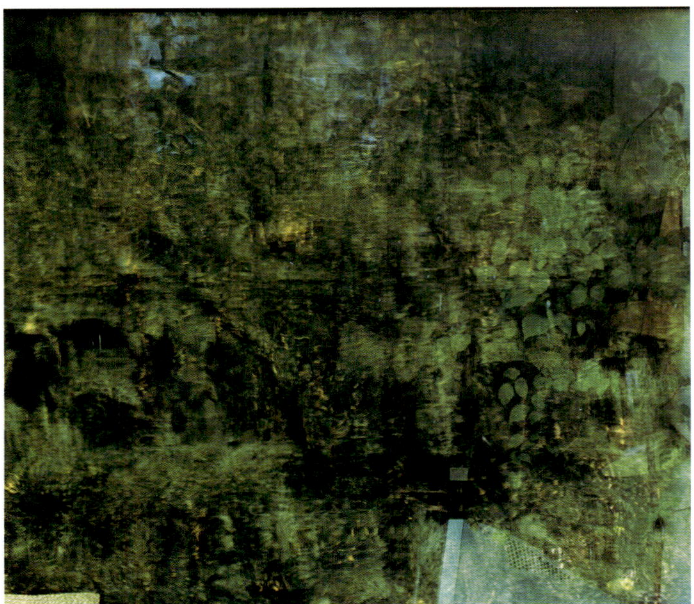

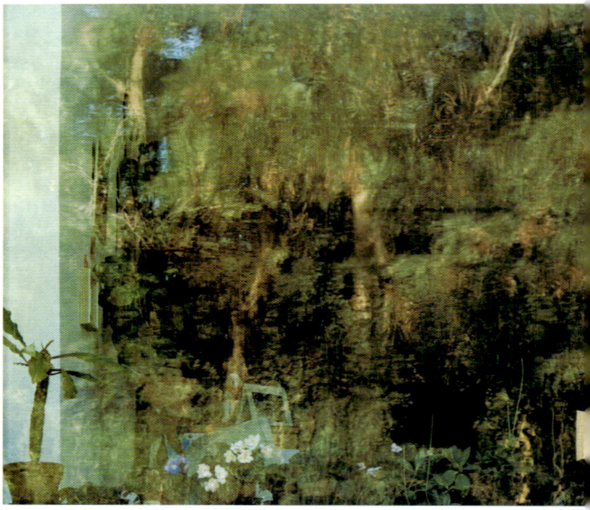

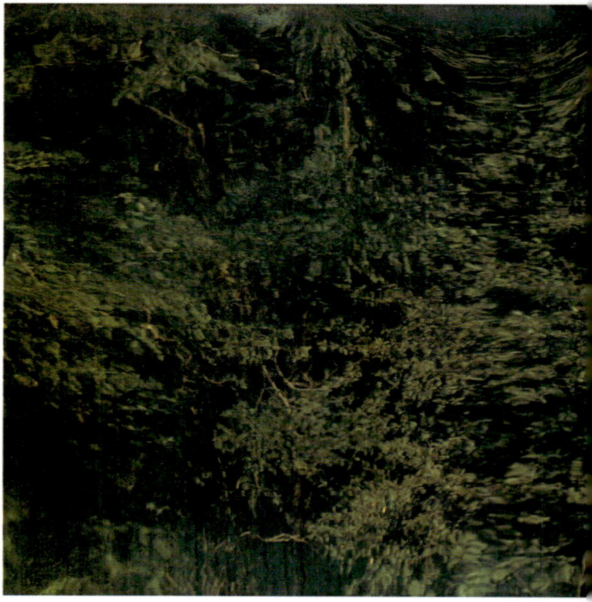

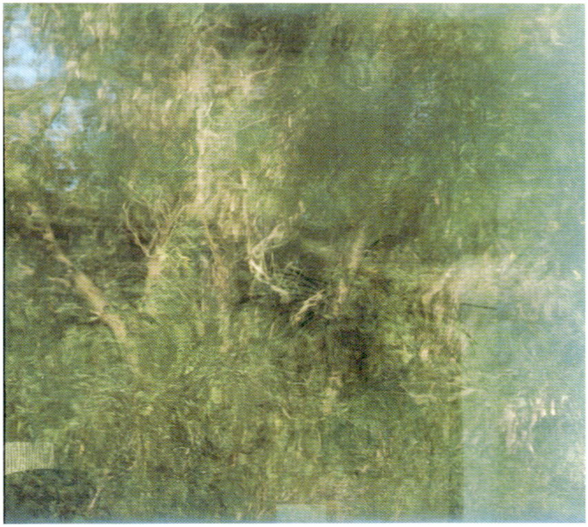

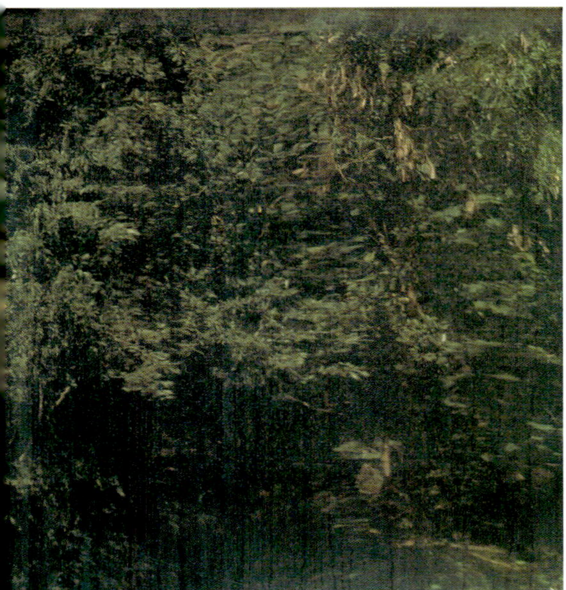

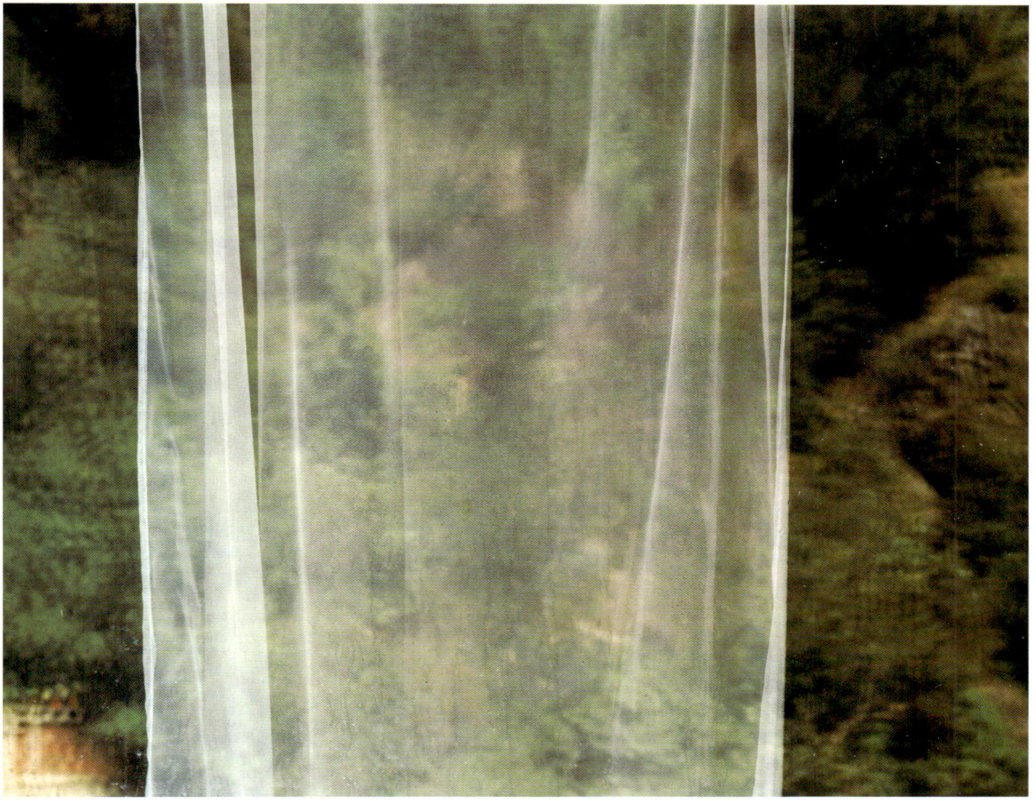

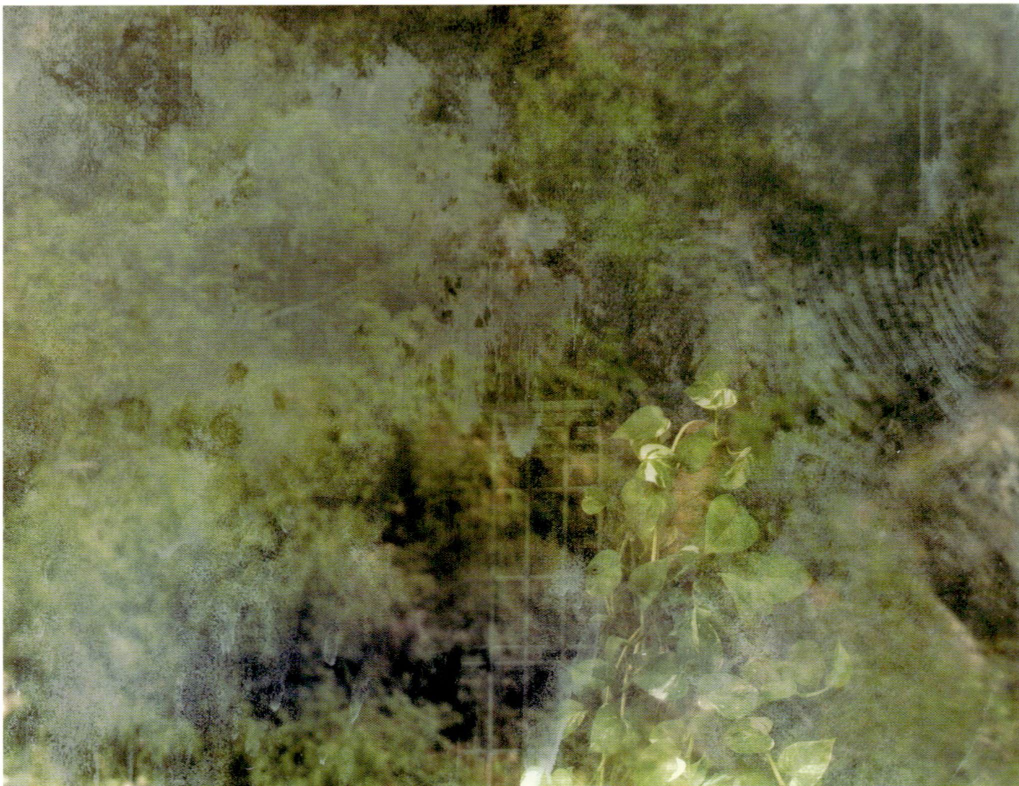

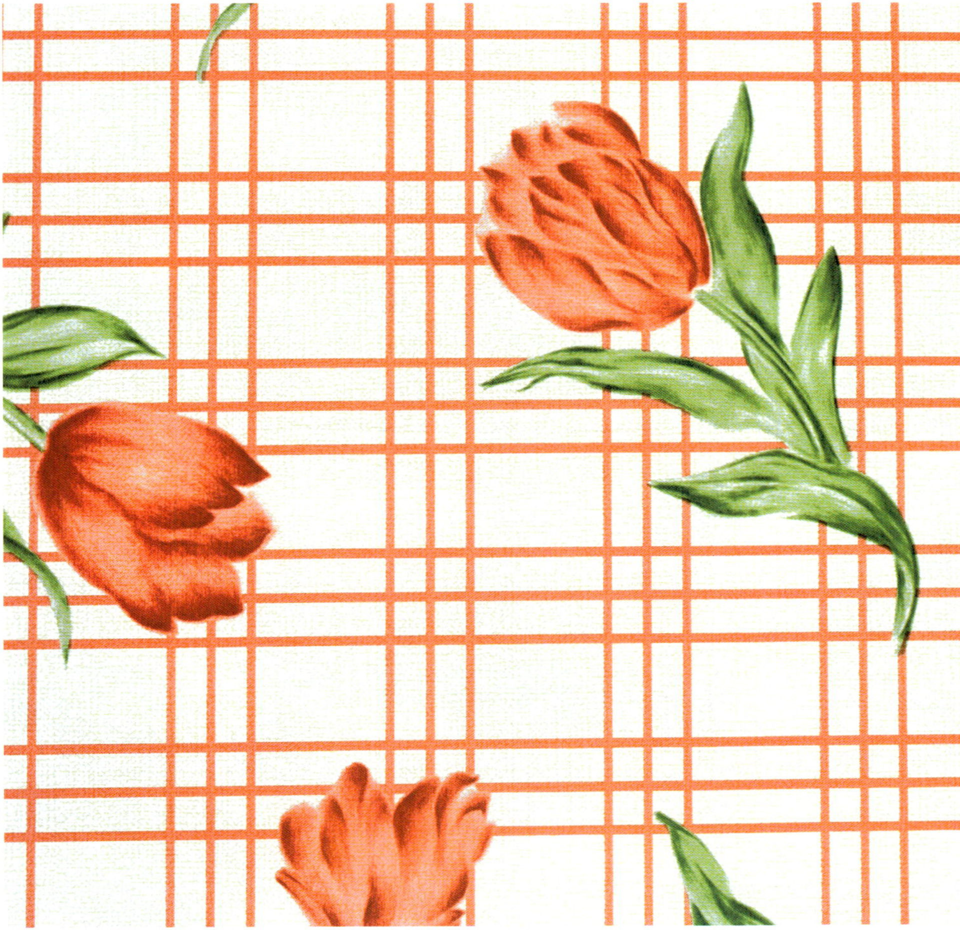

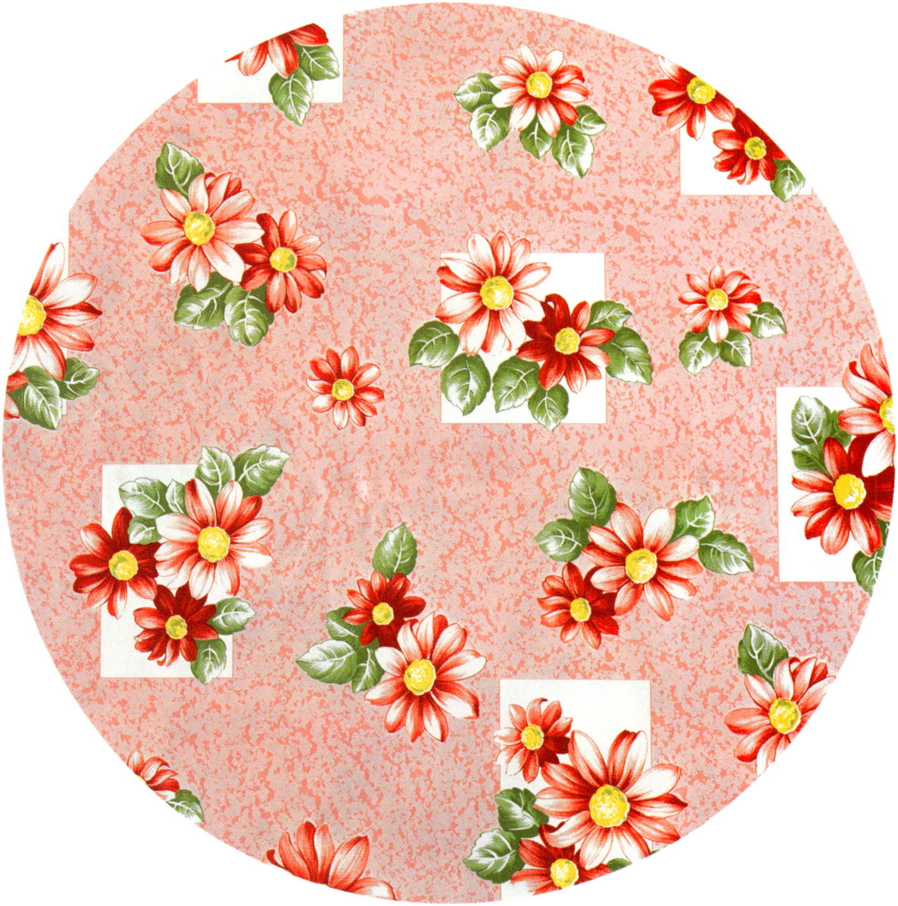

75

76 >

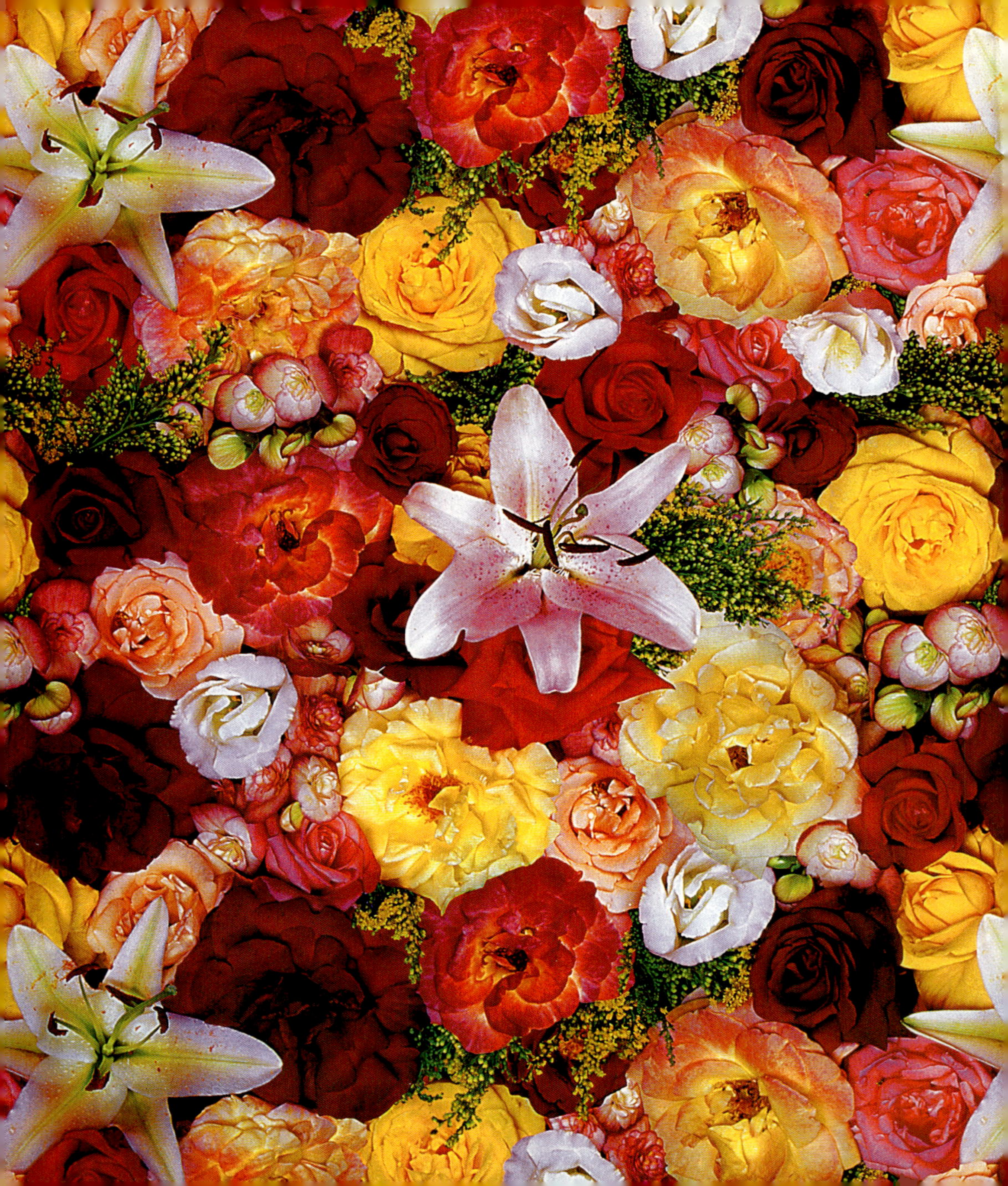

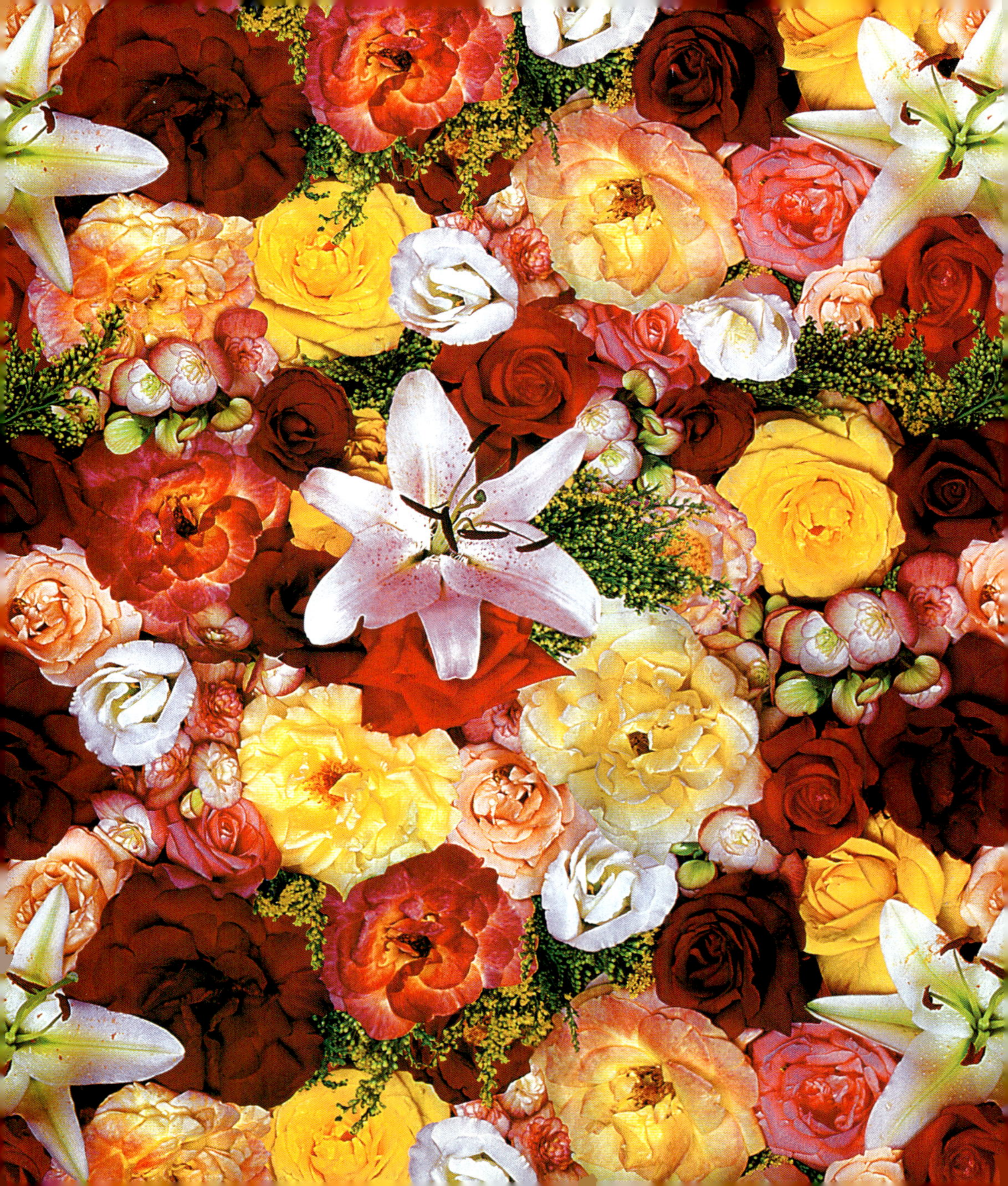

## Biographical Chronology

1948 Born on 9 March in Prague.

1963–67 Studied stage and costume design at a secondary school of applied arts (Střední uměleckoprůmyslová škola), Prague.

1973–78 Studied art photography at the Film and Television School of the Academy of Performing Arts (FAMU), Prague.

From the mid-1970s onwards has worked on various periodicals, and devoted himself to advertising and art photography. His work includes a well-known black-and-white photograph of President Václav Havel taken in 1989, at the beginning of his term in office. In 1990–92, taught fashion photography at FAMU. Lives and works in Prague.

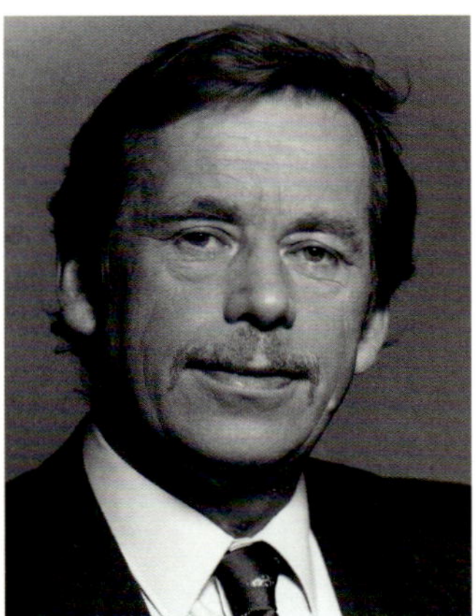

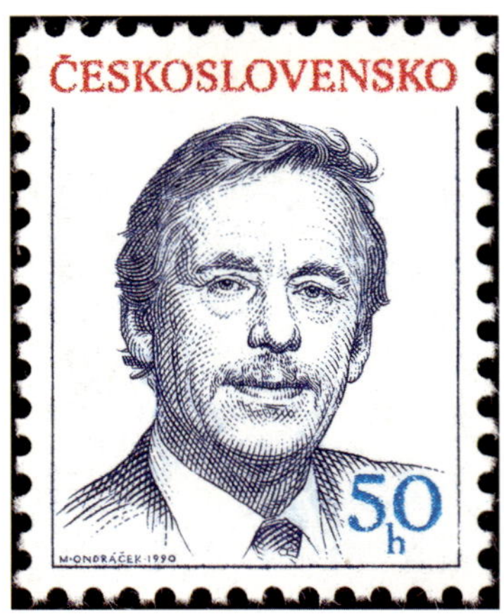


*M. Ondráček, 1990*

## Životopisná data

1948 Narodil se 9. března v Praze.
1963–67 Studoval scénografii na Střední uměleckoprůmyslové škole v Praze.
1973–78 Studoval obor umělecká fotografie na FAMU v Praze.

Od poloviny 70. let spolupracuje s různými časopisy, věnuje se volné a reklamní fotografii. Je autorem černobílé prezidentské fotografie Václava Havla z roku 1989. V letech 1990–92 vyučoval na FAMU módní fotografii. Žije a pracuje v Praze.

## Solo Exhibitions / Samostatné výstavy

1979 Činoherní klub, Praha
1980 Činoherní klub, Praha
1982 Galéria F, Banská Bystrica
1983 Zámek, Opočno
1987 Fotochema studio DUTO, Praha (s Tonem Stanem/with Tono Stano)
1988 Dům umění, Opava
1988 Fotochema, Praha (with Jiří Poláček/s Jiřím Poláčkem)
1993 *Ticho*, Dům umění, Brno
1993 *Ticho*, Nová síň, Praha
1994 Galerie Brigitte Weiss, Zürich
1997 *Žižkovské ateliéry*, Výstavní síň Atrium, Praha
2001 Klub Avion, Praha
2001 *Z cyklu Ticho*, Galerie 9, Klokočná (with/s Iren Stehli)
2002 *Ticho*, Malá výstavní síň, Liberec

## Group Exhibitions / Účast na skupinových výstavách

1969 *Gruppe 68*, Galerie Zelle, Reutlingen
1981 9 & 9, Klášter, Plasy
1983 *Generace*, Arena, Arles
1983 Fotochema, Praha
1983 *Polaroid*, Köln Messe, Köln am Rhein
1985 *Ursprung und Gegenwart Tschechoslowakischer Fotografie*, Fotografie Forum Frankfurt, Frankfurt am Main
1985 *Fotografie absolventů FAMU*, Dům umění, Brno
1986 *50 Jahre Moderne Farbfotografie*, Köln Messe, Köln am Rhein
1987 *Interkamera*, Park kultury a oddechu Julia Fučíka, Praha
1987 *Šaty dělaj člověka...*, G4, Cheb
1987 *Fotografie absolventů FAMU*, Uměleckoprůmyslové museum, Praha
1999 *Pixel Art*, Page, Zürich
2003 *Pocta statečným (političtí vězni 50. let)*, Langhans Galerie, Praha
2005 *Česká fotografie 20. století*, Galerie hlavního města Prahy a Uměleckoprůmyslové museum, Městská knihovna, Praha

## Represented in Public Collections / Zastoupení ve sbírkách

Centre Pompidou, Paris
JCA, Tokyo
Moravská galerie, Brno
Polaroid, Cambridge, Massachusetts (USA)
Uměleckoprůmyslové museum, Praha

## Bibliography / Literatura


Fárová, Anna: 9. *Sloh*, katalog výstavy, 1979.
Porter, Allan: Anna Fárová in the Foyer of the Theatre „Činoherní klub", *Camera*, 1980, č. 7.
Fárová, Anna: 9 & 9, katalog výstavy, 1980–81.
*Commercial Photography Exposed*, JCA (Tokyo), 1984, č. 1.
Birgus, Vladimír & Dufek, Antonín: *Fotografie absolventů FAMU*, katalog výstavy, 1985.
Fárová, Anna & Heiting, Manfred: *Ursprung und Gegenwart Tschechoslowakischer Fotografie*, katalog výstavy, 1985.
50 *Jahre Moderne Farbfotografie*, katalog výstavy, 1986.
Illek, Zbyněk: *Šaty dělaj člověka...*, katalog výstavy, 1987.
Birgus, Vladimír & Kirschner, Zdeněk: *Fotografie absolventů FAMU*, katalog výstavy, 1987.
Mrázková, Daniela & Remeš, Vladimír: *Cesty československé fotografie*, Praha, Mladá fronta 1989.
Křesťan, Rudolf: Zdi na zdi, *Mladý svět*, 1993, č. 35, s. 16.
Fárová, Anna: Dušan Šimánek, *Revue Fotografie*, 1993, č. 3, s. 2–7.
*International Photography Exposed*, JCA (Tokyo), 1993, č. 1.
Dufek, Antonín: *Nová encyklopedie českých a slovenských fotografů*, Praha, ASCO 1993.
Fárová, Anna: *Ticho*, katalog výstavy, 1994.
Pachmanová, Martina: Ticho, *Ateliér*, 1994, č. 6, s. 6.
*Nová encyklopedie českého výtvarného umění*, Praha, Academia 1995.
Fárová, Anna: *Žižkovské ateliéry*, katalog výstavy, 1997.
Lindaurová, Lenka: *Bez názvu*, katalog výstavy, 2004.
Typlt, Jaromír F. (ed.): *Malá výstavní síň 1975–2004*, Liberec 2005.
Birgus, Vladimír & Mlčoch, Jan: *Česká fotografie 20. století. Průvodce*, katalog výstavy, Praha 2005.
Birgus, Vladimír & Mlčoch, Jan: *Czech Photography of the 20th Century: A Guide*, Prague 2005.

## List of Published Photographs

| | |
|---|---|
| p. 2 | Portrait of D. Š. by Iren Stehli, 2006 |
| 1 | Untitled, 1977, black-and-white negative, 4 × 5 in. |
| 2 | Untitled, 1978, black-and-white negative, 4 × 5 in. |
| 3 | Untitled, 1978, black-and-white negative, 4 × 5 in. |
| 4–34 | Silence, 1978–85, Ektachrome, 4 × 5 in. |
| 35 | Stage scenery I, 1982, black-and-white negative, 4 × 5 in. |
| 36 | Stage scenery I, 1982, black-and-white negative, 4 × 5 in. |
| 37 | Stage scenery I, 1982, black-and-white negative, 4 × 5 in. |
| 38 | Stage scenery I, 1982, black-and-white negative, 4 × 5 in. |
| 39 | Stage scenery I, 1982, black-and-white negative, 4 × 5 in. |
| 40 | Stage scenery I, 1990, black-and-white negative, 4 × 5 in. |
| 41 | Stage scenery I, 1990, black-and-white negative, 4 × 5 in. |
| 42 | Stage scenery I, 2004, black-and-white negative, 4 × 5 in. |
| 43 | Stage scenery II, 2004, color negative, 4 × 5 in. |
| 44 | Stage scenery II, 2005, color negative, 6 × 12 cm |
| 45 | Stage scenery II, 2003, color negative, 4 × 5 in. |
| 46–50 | Stage scenery II, 2003, color negatives, 4 × 5 in. |
| 51–55 | Swimming Pool, 1998, black-and-white negative, 4 × 5 in. |
| 56–59 | Crosses, 2001, black-and-white negative, 4 × 5 in. |
| 60 | Sunday Afternoon, 1996, Ektachrome, 4 × 5 in. |
| 61 | Sunday Afternoon, 2001, Ektachrome, 4 × 5 in. |
| 62 | Sunday Afternoon, 2003, Ektachrome, 4 × 5 in. |
| 63 | Sunday Afternoon, 2004, Ektachrome, 4 × 5 in. |
| 64 | Windows, 2004, color negative, 6 × 12 cm |
| 65 | Windows, 2004, color negative, 4 × 5 in. |
| 66 | Windows, 2005, color negative, 4 × 5 in. |
| 67 | Windows, 2005, color negative, 4 × 5 in. |
| 68 | Windows, 2004, color negative, 4 × 5 in. |
| 69 | Windows, 2004, color negative, 4 × 5 in. |
| 70 | Windows, 2004, color negative, 4 × 5 in. |
| 71 | Windows, 2004, color negative, 4 × 5 in. |
| 72 | Windows, 2005, color negative, 6 × 6 cm |
| 73 | Windows, 2005, color negative, 6 × 6 cm |
| 74–76 | Multiples, 2005, Ektachrome, 6 × 6 cm |

## Soupis publikovaných fotografií

| | |
|---|---|
| s. 2 | Portrét D. Š. Foto Iren Stehli, 2006 |
| 1 | Bez názvu, 1977, černobílý negativ, 4 × 5 in. |
| 2 | Bez názvu, 1978, černobílý negativ, 4 × 5 in. |
| 3 | Bez názvu, 1978, černobílý negativ, 4 × 5 in. |
| 4–34 | Ticho, 1978–85, ektachrom, 4 × 5 in. |
| 35 | Kulisy I, 1982, černobílý negativ, 4 × 5 in. |
| 36 | Kulisy I, 1982, černobílý negativ, 4 × 5 in. |
| 37 | Kulisy I, 1982, černobílý negativ, 4 × 5 in. |
| 38 | Kulisy I, 1982, černobílý negativ, 4 × 5 in. |
| 39 | Kulisy I, 1982, černobílý negativ, 4 × 5 in. |
| 40 | Kulisy I, 1990, černobílý negativ, 4 × 5 in. |
| 41 | Kulisy I, 1990, černobílý negativ, 4 × 5 in. |
| 42 | Kulisy I, 2004, černobílý negativ, 4 × 5 in. |
| 43 | Kulisy II, 2004, color negativ, 4 × 5 in. |
| 44 | Kulisy II, 2005, color negativ, 6 × 12 cm |
| 45 | Kulisy II, 2003, color negativ, 4 × 5 in. |
| 46–50 | Kulisy II, 2003, color negativ, 4 × 5 in. |
| 51–55 | Bazén, 1998, černobílý negativ, 4 × 5 in. |
| 56–59 | Kříže, 2001, černobílý negativ, 4 × 5 in. |
| 60 | Nedělní odpoledne, 1996, ektachrom, 4 × 5 in. |
| 61 | Nedělní odpoledne, 2001, ektachrom, 4 × 5 in. |
| 62 | Nedělní odpoledne, 2003, ektachrom, 4 × 5 in. |
| 63 | Nedělní odpoledne, 2004, ektachrom, 4 × 5 in. |
| 64 | Okna, 2004, color negativ, 6 × 12 cm |
| 65 | Okna, 2004, color negativ, 4 × 5 in. |
| 66 | Okna, 2005, color negativ, 4 × 5 in. |
| 67 | Okna, 2005, color negativ, 4 × 5 in. |
| 68 | Okna, 2004, color negativ, 4 × 5 in. |
| 69 | Okna, 2004, color negativ, 4 × 5 in. |
| 70 | Okna, 2004, color negativ, 4 × 5 in. |
| 71 | Okna, 2004, color negativ, 4 × 5 in. |
| 72 | Okna, 2005, color negativ, 6 × 6 cm |
| 73 | Okna, 2005, color negativ, 6 × 6 cm |
| 74–76 | Multiply, 2005, ektachrom, 6 × 6 cm |

# Dušan Šimánek

by Anna Fárová, and Lenka Lindaurová
Photo selection: Dušan Šimánek
Translation: Derek Paton
Graphic concept: Studio Najbrt, Prague
Graphic design: Pavel Lev, Studio Najbrt
Lithography: Art D, Prague
Printed by Trico, Prague
Copy editors: Jan Šulc, Lenka Urbanová, and Derek Paton
Published by TORST
Address: Opatovická 24, Prague 1
CZ-110 00, Czech Republic
foto@torst.cz
First edition, 2006

Also available through D. A. P. / Distributed Art Publishers
155 Sixth Avenue, 2nd Floor, New York, N.Y. 10013, USA
Tel: ++1 (212) 627-1999 Fax: ++1 (212) 627-9484